Dietmar Bunse

Das Sonnenlied des Franziskusweges

Der Autor

Dietmar Bunse weiß, wie man Menschen durch Worte berühren kann. Seine Reiselektüren sind gefragt und erzielen auf dem Buchmarkt beachtliche Erfolge. Von Hause aus Banker, von Herzen Pilger und Wanderer, so könnte man ihn am besten charakterisieren. Auf seinen ausgetretenen Wanderschuhen klebt inzwischen der Staub von mehr als 2.000 Kilometern Jakobswegen.

Zum Buch

Der Franziskusweg steht hoch im Kurs. Sowohl bei passionierten Pilgern als auch bei gewöhnlichen Wanderern. Und das zu Recht: Die kurze Distanz von rund 200 Kilometern (La Verna – Assisi) und die überspannende Klammer von erlesenen Naturschönheiten und kulturellen Schätzen potenziert ihn zu einer begehrenswerten Pilgerroute. Ein Weg, der nicht nur durch die stille, unberührte Hügellandschaft des Apennins, verschlafene Dörfer und quirlige Städtchen führt, sondern der auch die Auseinandersetzung mit der franziskanischen Geschichte sucht.

Doch was verleiht ihm seinen verlockenden Reiz und welche Geheimnisse hütet er? Wo lauern seine Tücken und welche Strapazen erwarten den Wanderer? Was bedeutet Spiritualität und wie macht sie sich bemerkbar? Welche Rolle spielt Einsamkeit? Dieses Buch findet die passenden Antworten. Unterhaltsam, kurzweilig und humorvoll geschrieben, versetzt es den Leser in die Lage, in Gedanken mitzupilgern. Dabei versteht es der Autor, auf fesselnde Art Landschaftsbilder in Worten zu malen und sie sprechen zu lassen. Ob die Mystik des Felsenklosters auf dem Berg La Verna oder die Vollkommenheit der überhängenden Felsen am flüsternden Wasserfall von Montecasale, dieses Buch lässt keine Einzelheiten aus. Ausgesuchte, wunderschöne Fotos illustrieren den Reisebericht. Wertvolle Tipps zu den Themen Ausrüstung, körperliche Verfassung, richtiger Zeitpunkt der Reise, Kosten und Länge der Tagesetappen runden das Werk ab.

Ein Buch, das ansteckt und Sie wunderbar auf Ihre Reise einstimmt.

Dietmar Bunse

Das Sonnenlied des Franziskusweges

Erlebnisse einer Pilgerreise auf dem Franziskusweg
von La Verna nach Assisi

Bibliografische Information der Deutschen Nationalbibliothek:
Die Deutsche Nationalbibliothek verzeichnet diese Publikation in der Deutschen Nationalbibliografie; detaillierte bibliografische Daten sind im Internet über http://dnb.ddb.de abrufbar.

ISBN 978-3-96103-007-1

Umschlagillustration: Alice Kuczminski

www.rediroma-verlag.de
12,95 Euro (D)

ASSISI
01 Pieve de Saddi 3.55
Pietralunga 6.30
LA VERNA
01
Città di Castello 1.05
REV
18
Eremo di Cerbaiolo
10 min
ULTREYA
ORA
ET
LABORA
ORTO
DI
FRANCESCO

Unterwegs habe ich für sie gebetet:
Leider konnten meine Cousine Stefanie und unsere Freundin Conny das Erscheinen dieses Buches nicht mehr miterleben.

Inhalt

Vorwort

Ja, lieber Franziskus, wir werden uns wiedersehen. Das verspreche ich dir. Und was man verspricht, muss man auch einhalten. Ist doch Ehrensache!

Ich kniete in der Grabkammer seiner Basilika nieder und betete zu ihm. „Ich möchte mehr über dich erfahren, lass uns bitte zu einem späteren Zeitpunkt miteinander sprechen“, flüsterte ich ihm zu. Und, „ich werde wiederkommen“, versicherte ich ihm definitiv. Das war im Sommer letzten Jahres. Unsere kombinierte Flug-/Busreise führte uns – meine Frau und mich – unter anderem nach Assisi. Schon bei der Anreise faszinierte mich die von weitem sichtbare Silhouette der in den Berghang des Monte Subasio hineingeschraubten Kleinstadt. Bei den ersten Schritten durch das östliche Stadttor konnte ich noch nicht erahnen, welche magische Wirkung die Begegnung mit Franziskus in mir hinterlassen würde.

Die Gedanken an ihn ließen mich seitdem nicht mehr ruhen. Mit Literatur eingedeckt und von den Eindrücken beseelt, begann ich schon gleich nach unserer Rückkehr aus der Toskana mich mit der franziskanischen Geschichte und dem Franziskusweg zu beschäftigen. Erste Vorbereitungen begannen. Der Wanderführer von *Angela Seracchioli* war mir bei der Planung eine unentbehrliche Hilfe. Anfang des Jahres 2015 konkretisierte sich der Termin: Es sollte wieder der Wonnemonat Mai sein.

Eigentlich habe ich mich den Jakobswegen verschrieben. Seit 2011 bin ich, der hochgradig infizierte Homo jacobicus maximus, regelmäßig auf spanischen Jakobswegen zu finden gewesen. Das sollte auch so bleiben. Dachte ich. Bis ich Franziskus begegnete. Sein Lebensbild und die Entstehung seiner franziskanischen Bewegung erzeugten in mir eine brennende Neugier. Sie ließ mir keine andere Wahl. Ich musste mich auf seine Spuren begeben.

Wie kommt man auf diesen verdächtig nach dem *Sonnengesang* „riechenden“ Buchtitel, werden Sie sich möglicherweise fragen.

Im Anschluss an meine abgeschlossene Wallfahrt saß ich an einem warmen, sonnigen Vormittag auf einer von Bäumen beschatteten Bank, etwas unterhalb des Piazzale Michelangelo, der bekannten Aussichtsterrasse von Florenz. Die Anhöhe erlaubt einen herrlichen Blick auf den Arno, die Ponte Vecchio, den Dom und die Dächer von Florenz. Die betörenden Düfte der blühenden Rosen und die Schönheit der sich vor mir hingebungsvoll ausbreitenden Stadt hinterließen in mir nicht nur eine stimulierende Wirkung, sondern brachten auch meine kreative Ader zum Sprudeln. Meine Seele nahm im Eiltempo die Farbe meiner eigenen Gedanken an. Und meine Gedanken wurden auf einmal so bunt, dass ich jetzt und genau in dieser unbeschreiblich schönen Kulisse ein neues Lied komponieren wollte. Eine bestimmte Melodie im Sinn, zückte ich mein Tagebuch und fing an zu texten. Den Titel legte ich sogleich fest: „Sonnenlied" sollte meine Komposition heißen. Ein individueller Titel, ein Lied gewürzt mit jeder Menge eigener DNA. Kein lyrisch epischer Text, so wie der *Sonnengesang*. Von meinem Unterbewusstsein genährt, wurde eine weiße Taube, die mir auf dem Weg zur Bank begegnete, zur Hauptfigur. Den letzten Schliff erhielt das Lied zu Hause. Mit den passenden Gitarrenakkorden versehen, wurde es in seiner Vollendung zu einem gelungenen Song.

Musik ist ohnehin der Weg zum Herzen. Und der Zugangscode zur Leichtigkeit des Seins. Getreu dem Motto konnte ich mir unterwegs gelegentliche Ausflüge in die Welt der Musik und des Gesangs nicht verkneifen.

Freuen würde ich mich, wenn ich Sie zu einer wunderbaren Art der Fortbewegung, dem Wandern, ermuntern könnte und Sie mir gedanklich auf meiner Pilgerreise folgen würden. Vielleicht gelingt es mir auch, ein wenig Ihre Lust aufs Pilgern zu wecken. Das prickelnde Erlebnis einer tiefgründigen Begegnung mit sich selbst ist Ihnen dann genauso sicher wie die Bekanntschaft mit abwechslungsreichen Landschaften, geschichtlich bedeutsamen Kulturen und großartigen Menschen.

Den klassischen Wanderführer soll dieses Buch nicht ersetzen. Es erhebt vielmehr den Anspruch auf eine informative Reiselektüre mit gutem Unterhaltungswert.

Wesel, 3. Juni 2016 Dietmar Bunse

Der Franziskusweg (Cammino La Verna - Assisi)

Dieser Weg wird kein leichter sein, dieser Weg wird steinig und schwer. Was Xavier Naidoo so trefflich in seinem Lied besingt, stößt auf bittere Realität. Zahlreiche, endlose, zermürbende Steigungen machen ihn auch für den geübten, willensstarken Wanderer zur körperlichen Herausforderung. Aber man wird reich belohnt. Die Geschenke liegen sprichwörtlich am Wegesrand. Man muss sie nur aufheben: das meditative Wandern, die Momente der Stille, das Öffnen der Sinne – schöpferische Kraftquellen, die die eigene Seele neu betanken.

Der Weg führt viele Jahrhunderte zurück in die Vergangenheit. In die Zeit des großen Franz von Assisi. Seine Aufenthaltsorte werden gestern wie heute verherrlicht, seine Spuren ziehen sich wie Leuchtdioden über den nach ihm benannten Weg. Die Erinnerungen an ihn lösen eine unwiderstehliche Anziehungskraft aus. Franziskus scheint unterwegs wieder lebendige Formen anzunehmen und erweckt den Anschein, ständig gegenwärtig zu sein. Ob in den Klöstern von La Verna oder Montecasale, den Städten Gubbio oder Assisi, eine geheimnisvolle Nähe des Heiligen ist jederzeit spürbar. Seine Wirkungsstätten stehen wie Meilensteine im Mittelpunkt der Pilgerschaft.

Wie an einer Perlenkette aufgereiht verbindet der Franziskusweg diese Orte. Über eine Strecke von rund 200 Kilometern führt er von La Verna auf dem Höhenzug des Apennins entlang durch die grüne Mitte Italiens nach Assisi. In seiner Fortsetzung folgen weitere 170 Kilometer bis nach Poggio Bustone. Der Weg bezaubert durch eine faszinierende, pittoreske Landschaft und einzigartige kulturelle Denkmäler. Womöglich ließen sich auch die bedeutenden Künstler und Denker wie Leonardo da Vinci, Michelangelo oder Dante in ihrer jeweiligen Zeitepoche von der berauschenden Fülle der landschaftlichen Schönheit inspirieren.

Wer prickelnde Einsamkeit und tiefe Spiritualität sucht, ist auf dem Franziskusweg gut aufgehoben. Der Weg bietet beides im Überfluss. Störende Pilgermassen sind (noch) nicht auszumachen.

Geschätzt machen sich jährlich nur etwa 4.000 Pilger auf den Weg. Tendenz: steigend. Eine Entwicklung wie auf dem Jakobsweg ist ihm nicht zu wünschen. Ganz gewiss bliebe die Jungfräulichkeit dann auf der Strecke. Und das wäre sehr schade. Unabhängig davon sind der Internationalität keine Grenzen gesetzt. Neben vornehmlich österreichischen, holländischen, französischen, schweizer, italienischen und deutschen Pilgern hat sich die Anziehungskraft selbst bei den Amerikanern herumgesprochen. Egal welcher nationalen Couleur, unabhängig aus welchem Berufszweig, egal welchen Alters, fast alle verbindet der eine Beweggrund: Sie alle sind Suchende, die sich auf den Weg machen. Menschen, die sich selbst erfahren und entdecken möchten.

Die große Franziskusverehrerin und für ihre Pilgerideale lebende Italienerin *Angela Maria Seracchioli* gilt als Pionierin und „Mutter des Franziskusweges". Sie entwarf 2002 den Weg und kennzeichnete die Wegstrecke zusammen mit einigen Helfern mit dem gelben Tau, einem Zeichen, das dem lateinischen „T" ähnelt, aus. Schon in vorchristlicher Zeit als Heilszeichen bekannt, machte Franziskus das Tau zu seinem persönlichen Zeichen. Er schrieb es an die Mauern seiner Zellen und unterzeichnete damit seine Briefe. Das gelbe Tau ist unverwechselbar auf Steinen, Bäumen und Schildern als Wegmarkierung angebracht.

Von Sansepolcro bis Assisi verläuft der Weg parallel mit der Via di Roma.

Oft wird der Franziskusweg mit dem Jakobsweg verglichen. Die Beweggründe, die Grabstätten zweier so großer Heiliger aufzusuchen, mögen ähnlich sein. Ihre „Story" aber ist höchst unterschiedlich. Die kryptische Magie, die der Jakobsweg seit rund Eintausend Jahren auf die Pilgermassen ausstrahlt, besitzt der Franziskusweg (noch) nicht. Gleichwohl, für die Identität der Italiener ist Franziskus das, was Jakobus für die der Spanier ist. Die im Jahr 2007 besiegelte Partnerschaft zwischen Santiago de Compostela und Assisi untermauert die Seelenverwandtschaft und Freundschaft beider Wege in eindrucksvoller Weise.

Franz von Assisi

Mittelalter. Eine Zeit, die durch Auseinandersetzungen um kirchliche und weltliche Herrschaftsansprüche geprägt war. Eine Epoche der Kreuzzüge, Pest und Hungersnöte. In jener Zeit der schwierigen Lebensbedingungen erblickte Franz von Assisi entweder 1181 oder 1182 in der umbrischen Stadt Assisi das Licht der Welt. Seine Eltern waren der wohlhabende Tuchhändler Pietro Bernardone und dessen Frau Pica.

Als Nachfolger für das Geschäft seines Vaters bestimmt, genoss der Kaufmannssohn eine hohe Bildung. In seiner Jugend führte er nicht unbedingt ein Leben in Bescheidenheit. Er war von einer freudigen Gemütsart und allem Schönen und Heiteren von Herzen zugetan. Nicht selten hielt er auf Festen mit dem Geld seines Vaters in Großmannsmanier seine Altersgenossen frei.

Beseelt von seinem Jugendtraum, Ritter zu werden, zog er 1202 im Dienst seiner Vaterstadt in einen Krieg gegen die Nachbarstadt Perugia. Assisi unterlag und Franziskus wurde mit Mitkämpfern eingekerkert. Erst durch eine Lösegeldzahlung seines Vaters kam er Ende des Jahres 1203 nach einjähriger Gefangenschaft frei. Die Kerkerhaft hinterließ tiefe Spuren bei ihm. Franziskus war krank und von Selbstzweifeln erschüttert.

Nach einem Traum, in dem Gott ihn aufrief seine Kluft abzulegen und sich in seinen Dienst zu stellen, suchte Franziskus an einem Herbsttag des Jahres 1205 das stark verfallene Kirchlein San Damiano auf. Als er bei einem besinnlichen Gebet vor dem Kreuz niederkniete, sprach die Stimme Gottes zu ihm: „Franziskus, geh und baue mein Haus wieder auf, das, wie du siehst, ganz und gar in Verfall gerät.“ Diese Worte gaben seinem Leben eine entscheidende Richtungsänderung.

Für die bauliche Instandsetzung legte er nicht nur selbst Hand an, sondern entwendete auch Waren und Geld aus dem Geschäft seiner Eltern. Streit war vorprogrammiert. Als sein Vater davon erfuhr, zerrte er seinen Sohn wutentbrannt zum Bischof, in der Hoffnung, ihn noch umstimmen zu können. Doch während der Anhörung entschied sich Franziskus ohne zu zögern zum Verzicht auf all seine Besitztümer und das väterliche Erbe. Kurz darauf entledigte er sich seiner zivilen Kleidung und sagte sich mit dieser Geste endgültig von seinem Elternhaus los.

Bei seiner Rückkehr wurde er in seiner Heimatstadt von einigen aufgebrachten Bürgern mit Straßenkot und Steinen beworfen. Alte Freunde neckten ihn, seine Braut heiße nun Armut, und beschimpften ihn als Narren. Unbeirrt von den Anfeindungen begann er abseits der Stadtmauern als Einsiedler zu leben. Um Almosen bettelnd, ging Franziskus von Haus zu Haus, gab Aussätzigen davon ab und pflegte sie. Erste Gleichgesinnte, wie der angesehene Notar Bernardo da Quintavalle und sein Berufskollege, der Jurist Pietro Cattani, schlossen sich ihm an. 1209/10 gründete er mit zwölf Gefährten den Orden der Minderbrüder. Die Anzahl sollte auf die zwölf Apostel anspielen. Um die päpstliche Billigung für die von ihm eingeschlagene Lebensweise der Armut, Glaubensstrenge und Nächstenliebe zu erhalten, pilgerte er in Begleitung von seinen Brüdern zu Papst Innozenz III. nach Rom. Von ihm erhielt er die Bestätigung seiner ersten, einfach gehaltenen Ordensregeln. In der gewiss nicht einfachen Gründungsphase erhielt er eine besondere Unterstützung von den Benediktinern. Sie schenkten ihm im Jahre 1211 die unterhalb von Assisi gelegene kleine Kirche Portiuncula. Sie diente seiner inzwischen gewachsenen Anhängerschaft als Refugium. Ein Jahr später nahm Franziskus Klara von Assisi, eine junge Nonne, die sich ebenfalls aller irdischen Reichtümer entsagte, in seine Gemeinschaft auf. Durch sie wurde die Schwesterngemeinschaft der Klarissen gegründet. Franziskus und Klara blieben zeitlebens einander zugewandt. Beide lebten streng nach ihren Prinzipien in völliger Armut. Franziskus war gleichsam wie ein zweiter Christus und Klara glich einer zweiten Maria.

Als Wallfahrer und Wanderprediger reiste Franziskus um 1215 nach Santiago de Compostela. Unweit der Kathedrale gründete er ein Franziskanerkloster. Durch die Überzeugungskraft seiner Reden wurde er über die Grenzen hinaus bekannt. Auch in Santiago wurde er von den Menschen verehrt und Troubadour Gottes genannt. Weitere Reisen führten nach Nordafrika. Es gelang ihm zwar in Ägypten zu predigen, die erhoffte Bekehrung des Sultans blieb aber aus. Er reiste weiter ins Heilige Land. Dort erkrankte er an Malaria und einer schweren Augeninfektion, was ihn veranlasste in seine Heimat zurückzukehren. Probleme innerhalb des rasch wachsenden Ordens bereiteten zusätzliche Sorgen. Schweren Herzens entschloss er sich die Leitung auf seinen Bruder Pietro Cattani zu übertragen. Gleichzeitig diktierte Papst Honorius III. der Bruderschaft eine hierarchische, dem Geist des Ordensgründers kaum gerecht werdende Ämterverfassung auf. Offensichtlich gelang es Franziskus nicht, die Mehrheit seiner Mitbrüder auf den von ihm gewünschten strengen und grundsatztreuen Kurs zu halten. Unter der Entwicklung leidend, zog sich Franziskus in der Folgezeit innerlich aus der Gemeinschaft zurück.

Sein Gesundheitszustand verschlechterte sich rapide. Die während seines Afrika-Aufenthalts erlittene Augeninfektion führte zur schrittweisen Erblindung. Darüber hinaus wurde er wohl durch das ständige Fasten magenkrank. Geschwächt und depressiv zog er sich im Spätsommer des Jahres 1224 auf den Berg La Verna zurück. In Gebete vertieft, in einer Felsnische kauernd, erhielt er nach einer langen Fastenzeit die höchste Anerkennung durch den Herrn: die Stigmata. Seitdem trug er die Wundmale Christi an Händen, Füßen und an der Seite. Franziskus verheimlichte die Einprägungen. Erst mit seinem Tod wurden sie entdeckt.

Krank und geschwächt suchte er ein letztes Mal San Damiano auf. Dort wurde er von Klara und ihrer Schwesterngemeinschaft eine Zeit lang gepflegt. In der Idylle der Klostermauern komponierte er seinen berühmten Sonnengesang, ein lyrisches Gebet, eine Hymne auf Gottes gute Schöpfung. Es heißt, Franziskus habe das Gebet in seiner Todesstunde von zweien seiner Brüdern singen lassen.

Den Tod vor Augen ließ sich Franziskus im Herbst 1226 von einigen Brüdern unter großem Geleit in sein Ursprungskloster Portiuncula tragen, das er einst, so wie San Damiano, wieder hergerichtet hatte. Seinem Wunsch entsprechend wurde er entkleidet und nackt auf den kalten Boden gelegt. Danach wurde sein Körper mit einem Gewand bedeckt. Umgeben von seinen Ordensbrüdern, mit denen er noch gemeinsam und in froher Erwartung auf den Bruder

Tod das Abendmahl gefeiert hatte, starb er. Den Überlieferungen zufolge sollen Lerchen nach seinem letzten Atemzug heftig gezwitschert haben. Gleich nach seinem Tod wurde sein Leichnam vorläufig in die Kirche San Giorgo nach Assisi gebracht. Schon knapp 2 Jahre später wurde Franziskus am 16. Juli 1228 von Papst Gregor IX. heiliggesprochen. Am Folgetag wurde mit der Grundsteinlegung einer großzügigen Basilika begonnen. Sie sollte die Form eines Taus in zwei übereinanderliegenden Ebenen erhalten.

Größe und Prunk entsprachen überhaupt nicht den Vorstellungen und Wünschen des Heiligen. Franziskus hatte seinen Gefolgsleuten die Anweisung erteilt, ihn ausgerechnet am trostlosesten Ort der Stadt, dem sogenannten Höllenhügel, zu begraben. Der Hügel wurde so benannt, weil dort die Hinrichtungen stattfanden. Er löste Furcht und Schrecken bei den Anwohnern aus. Durch die Errichtung der Basilika genau an dieser denkwürdigen Stelle wurde er geschickterweise in Paradieshügel umbenannt. Die sterbliche Hülle von Franziskus wurde im Mai 1230 in die noch unvollendete Unterkirche überführt.

Warum, so fragt man sich, hat man dem armen Franziskus eine so prachtvolle Kirche gebaut? Franziskus hatte zweifellos etwas bewegt. Er hatte nicht nur die Menschen in seinen Bann gezogen, sondern sich auch bei den Kirchenoberhäuptern Respekt und Anerkennung für die konsequente Art, das Evangelium zu leben, erworben. Die Päpste sahen in Franziskus eine Lichtgestalt, einen Reformer, ein Vorbild für die Christen. So war es naheliegend, ihn zu instrumentalisieren und seiner Grabstätte einen würdigen Rahmen der Verehrung zu geben.

Einige Millionen Menschen reisen jährlich nach Assisi, um die Stationen des Heiligen aufzusuchen. Für die meisten ist die Krypta in der Unterkirche der Basilika ein magischer Anziehungspunkt. Viele verharren dort und beten inständig, einige knien tief eingekehrt in Demut nieder, andere spendieren Kerzen für ihre Anliegen. Es gibt wohl keinen, der ihn nicht als Mittler für seine innigen Wünsche einsetzen möchte. Es ist ein Ort der Stille, die letzte Ruhestätte eines großen Heiligen.

1
Anreise, Aufenthalt, Ausgangspunkt Düsseldorf – Florenz – Arezzo

Stazzione Florenz. Auf den letzten Drücker hatte ich mir am Automaten eine Fahrkarte gezogen. Dass er mein Bargeld verschmähte und nach meiner Kreditkarte verlangte, darauf machte mich erst eine freundliche Italienerin, die hinter mir stand, aufmerksam. Schon wieder so ein Gerät, das nicht so will, wie man möchte! Kommt einem irgendwie bekannt vor. Oder? Automaten zählen ohnehin nicht zu meinem erweiterten Freundeskreis. Und erst recht nicht im Ausland!

Der Zug nach Arezzo sollte in drei Minuten losfahren. Ich rannte zum Bahnsteig und fragte noch schnell einen Bahnbediensteten: „Train to Arezzo?" „Si", antwortete er, darauf hinweisend, dass ich noch das Ticket entwerten müsse. „Where?", raunzte ich. Er deutete auf den Entwertungsautomaten zwanzig Meter hinter mir. Also wieder zurück! Doch irgendwie funktionierte das Gerät nicht. Wie gesagt, Automaten zählen nicht zu meinen engsten Freunden. Ich rannte wieder zum Bahnaufseher. „Nix funziona", hechelte ich ihm entgegen. Ungläubig nahm er mein Ticket, ging stramm auf das widerspenstige Gerät zu und steckte es in den Schacht. Es machte „klack". Meine Ohren klingelten. Okay, ein wenig blöde kam ich mir jetzt schon vor. Mit gequält grinsenden Blicken drückte er mir das Ticket in die Hand. „Mille grazie!" Jetzt war ich endlich legitimierter Fahrgast und konnte beruhigt einsteigen.

Der Zug setzte sich Sekunden später in Bewegung. Den Rucksack in die Gepäckablage über mir verstaut, den Hut abgelegt, die Wasserflasche in greifbare Nähe gerückt, jetzt konnte die gut einstündige Fahrt beginnen.

Am Vorabend hatte ich mit dem Flugzeug, in Düsseldorf startend, Florenz erreicht. Die Busverbindung zur Stadtmitte erschien mir die günstigste Variante zu sein. Der Fahrschein kostete sechs Euro.

Nach einer knappen halben Stunde erreichte ich den Bahnhof. Auf dem Vorplatz wimmelte es wie in einem aufgewühlten Ameisenhaufen. Jetzt wurde mir erst richtig bewusst: Heute war der 1. Mai, ein Feiertag, auch in Italien. Nicht nur die Florentiner waren auf den Beinen, sondern auch unzählige Touristen. Gut, dass ich nur eine Übernachtung gebucht hatte, die Besichtigungstage hatte ich glücklicherweise an das Ende meiner Reise gehängt.

Die zuvor mit den Adressdaten des Hotels gefütterte Navigations-App meines Smartphones führte mich schnurstracks zum in der Nähe des Doms gelegenen Hotel.

Ich stand vor der großen Pforte eines alten Bürgerhauses. Die Rezeption war um diese Zeit nicht mehr besetzt. In weiser Voraussicht hatte mir das Hotel vorab eine Bedienungsanleitung für die Sicherungsmechanismen gesandt. Erste Hürde: die scheunentorgroße massive Holztür. Der Code für die Tastatur funktionierte nicht. Dumm gelaufen. Was nun? Erst einmal warten. Auf einen Gast oder Bewohner. Es dauerte nicht lange, bis ein Italiener die Tür mit seiner Codekombination öffnete. Erleichtert konnte ich das Treppenhaus betreten. Der Hotelbereich befand sich in der ersten Etage. Zweite Hürde: wieder eine Tastatur vor der Eingangstür. Ich holte meinen Zettel heraus und gab wieder den Code ein. Nichts passierte. Also, der nächste Versuch. Wieder tat sich nichts. Inzwischen haderte ich mit meinem mangelhaften technischen Verständnis. Vielleicht war ich sogar in der Nähe, um an meinem technischen Unvermögen zu verzweifeln. Auf dem Zettel stand noch die Notfall-Telefonnummer. „Bin ich bereits ein Notfall?“, fragte ich mich in diesem Moment. Nein! Der dritte Versuch sollte es bringen. Also, Zahleneingabe, grüne Bestätigungstaste drücken. Alles richtig gemacht. Ein Surren im Schloss, ich konnte eintreten. Jetzt war ich auf einmal wieder stolz auf mich, stolz auf mein großartiges technisches Verständnis. Ich ging zur Theke. Dritte Hürde: Dort lag ein Umschlag mit meinem Namen. Inliegend der Schlüssel mit der Zimmernummer 5. Ich ging in den Gang. Auf den Türblättern standen nur Namen. „Wo, verdammt noch mal“, so fragte ich mich, „ist mein Raum?“ Ich nahm den Inhalt des Umschlages unter die Lupe. Auf eine Art Bedienungsanleitung für die Lichtbetätigung entdeckte ich dann den Namen meiner Zimmertür. Endlich, ich konnte die Schnitzeljagd erfolgreich beenden.

Nach einer erfrischenden Dusche machte ich mich auf den Weg nach unten. Ein wenig mulmig war mir schon zumute. Würde ich die technischen Hürden bei meiner Rückkehr wieder meistern können? Ich stand vor der großen Eingangstür. Ein heftiger Widerstand beim Öffnen signalisierte mir: So einfach wird dich dieses Bollwerk von Tür nicht in die Freiheit der Medici-Stadt entlassen. Ich schaute mich um. Drei Meter hinter mir forderte mich ein großer Tast-Schalter unmissverständlich auf, betätigt zu werden. Wieder war ich stolz auf mich: Mir war ein „Ausbruch" ohne Studium einer Bedienungsanleitung gelungen!

Die frische Luft füllte meine Lungen, die Menschenmassen füllten die Straßen. Es herrschte reges Treiben auf den Plätzen und in den Gassen. Die meisten Restaurants waren überlaufen. Eigentlich hätte man ein Schild anbringen können: „Wegen Überfüllung geschlossen, bitte schauen Sie die Tage nochmals vorbei. Vielen Dank für Ihr Verständnis."

Ich nahm es gelassen. Schließlich hatte ich heute schon Großes geleistet. Und wenn Plan A nicht funktioniert, kommt halt Plan B an die Reihe. Ich ging über die Ponte Vecchio auf die andere Arno-Seite zur Piazza Santo Spirito. Nach einer kleinen Wartezeit konnte ich endlich einen Platz in einer Osteria ergattern. Ich bestellte Penne Arrabiata, ein Glas Chianti und Mineralwasser. Die Schärfe der Gewürze, vermengt mit den Tanninen des Rotweines, verdiente sich ein kribbeliges Miteinander im Bauchbereich. Zufrieden mit dem Gericht und meiner florentinischen Welt machte ich mich gegen 22 Uhr gemächlich, von guten Gedanken gesponsert, auf den Rückweg zum Hotel. Irgendwie freute ich mich riesig auf die kommenden Tage. Die Freude übertrug sich wohl auch auf die Tastaturen im Eingangsbereich des Hotels. Auf Anhieb nahm ich alle Hindernisse. Im Einklang mit mir und meinem tollen technischen Verständnis legte ich mich in die Horizontale.

Stazzione Arezzo. Bitte aussteigen. Erste Handlungsaktion: Ich kaufte mir in dem Tabacco-Laden im Bahnhofsgebäude für € 3,70 das Ticket für den Linienbus von Arezzo nach Bibbiena. Damit hatte ich den Grundstein für die Weiterreise am Folgetag gelegt. Zweite Handlungsaktion: Gleich rechts am Ausgang des Bahnhofsgebäudes befindet sich die Touristen-Information. Hier besorgte ich mir einen Stadtplan. Meinem Orientierungssinn wurden nun keine Grenzen mehr gesetzt.

Mit seinen Kaufherrenpalästen, Patrizierhäusern und Sakralbauten ist Arezzo, einst als etruskische Siedlung gegründet, ein Juwel mittelalterlicher Architektur und Kultur. Von mächtigen Stadtmauern umgeben, findet man den Weg schnell in die übersichtliche Altstadt. An jedem ersten Wochenende im Monat findet der über die Stadtgrenzen hinaus bekannte Antiquitätenmarkt statt. In den engen Gassen, die sich bis zur Kathedrale hinaufschrauben, bieten Händler ihre Ware, die zwischen Kram und altertümlichen Kostbarkeiten pendelt, mit italienischem Frohsinn an. Neugierig sondierte ich das eine oder andere Angebot, mir bewusst werdend, dass ich eigentlich nichts kaufen konnte. Ich näherte mich der Piazza Grande, einem leicht abschüssigen, im Mittelalter entstandenen Platz inmitten beeindruckender Patrizier-Paläste und alter Läden. Nach kurzer Nachfrage erreichte ich den als Hotel geführten altertümlichen Gebäudekomplex La Locanda di San Pier Piccolo. Das historische Gebäude, ein ehemaliges Benediktinerkloster, imponiert mit seinen Fresken an den Wänden und einem Kreuzgang im Innenhof. Hier hatte ich eine Übernachtung gebucht.

Wieso ausgerechnet hier? Es war reiner Zufall! Obwohl – gibt es eigentlich noch Zufälle? Werden wir nicht irgendwie alle „von oben" gesteuert? Meine persönlichen Erfahrungen lehren mich, daran zu glauben.

Bei meinen Reisevorbereitungen stieß ich über ein Buchungsportal zufällig auf diese Adresse. 23 Euro sollte ein Einzelzimmer mit Benutzung des Gemeinschaftsbades kosten. Das Gemäuer eines ehemaligen Klosters mitten im Herzen der Altstadt erschien mir eine ideale Ausgangsbasis für die innere Einstimmung einer Pilgerreise zu sein. Ein Glücksfall also. Ich brauchte nicht lange zu überlegen. Ein Klick an der entsprechenden Stelle und die Buchung war fixiert.

Mit höflicher Mimik empfing mich der Hotelier und führte mich in sein kleines Büro. Sein freundlicher Blick verfinsterte sich ein wenig, als er auf den Monitor seines Computers blickte. Wenngleich wir uns schlecht verständigen konnten, wurde mir klar: Es gab ein Problem. Er schnappte sich einen Schlüssel und führte mich in einen Seitenflügel des Anwesens. Ein bisschen gespannt war ich schon, als er die Zimmertür öffnete. Statt des gebuchten Einzelzimmers strahlte mich ein schönes Zweibettzimmer mit integriertem Bad an. „Everything is fine", signalisierte ich mit einer deutlich zustimmenden Geste. Im Moment schien meine eigene Zufriedenheit einen Tick weit größer als die meines netten Hausherrn zu sein.

Ich legte meinen Rucksack ab und ging kurz danach wieder nach draußen. Wie schön, hier zu sein! Der herrliche Kreuzgang mit Innenhof faszinierte mich. Das Hotel nutzte ihn als Terrasse.

Einige Italiener speisten an den Tischen. Sie lachten, waren fröhlich. Sie lebten. Ihr Verhalten war typisch: Italiener nehmen nicht alles so ernst, wie man es bei uns häufig zu tun pflegt.

Ein freier Tisch lud mich zum Verweilen ein. Ich nahm die Einladung an und bestellte mir einen Imbiss und ein Glas Rotwein. Welch ein Genuss! Dieser Platz ist eine zentrale Anlaufstelle für die Gefühle sensibler Herzkammern. Ich richtete meine Blicke auf die alten Gemäuer und schloss die Augen. Es kam mir so vor, als wenn sie mir etwas erzählen wollten. Meine Fantasie durcheilte eine spirituelle Scheinwelt. Waren es die leisen Flüstertöne des lauen Windes, der die Wände von ihrem Schweigen befreite? Die Steine schienen unentwegt die Stimmen und Melodien der Klosterbewohner wiederzugeben, die einst hier in Eintracht miteinander lebten. Über die Jahre hinweg hatten sie das Licht, den Gesang und die Gebete gespeichert, die sie jeden Tag aufgesogen hatten.

La Locanda di San Pier Piccolo – ein tiefer Atemzug voller Lebensluft, ein Idyll inmitten der pulsierenden Altstadt, ein steinernes Haus, gewurzelt in der Entsagung der Benediktiner.

„Un Espresso o un Cappuccino?", fragte mich die Kellnerin. „Si, si, un Espresso", erwiderte ich, noch leicht verträumt dreinschauend. Ein kleiner Koffeintrunk, der war jetzt dringend erforderlich, um mich wieder in meine reale Welt rutschen zu lassen.

Oben: Kreuzgang Hotel/Restaurant La Locanda di San Pier Piccolo
Unten: Antike Kunstgegenstände auf dem Antiquitätenmarkt

Ich bezahlte und ging auf Erkundungstour. Es herrschte reges Treiben in den engen Gassen, die mit unzähligen Trödel- und Antiquitätenständen bespickt waren. Ob in Italien oder Deutschland, Antiquitätenmärkte unterscheiden sich länderspezifisch kaum. Das Schema ist immer das gleiche: Jeder, der etwas sucht, wird etwas finden. Und jeder, der nichts sucht, wird verführt, etwas zu finden. Die Lust, etwas zu kaufen, spiegelt sich in den mehr oder weniger interessierten Gesichtern der Passanten wider. Je höher die Kauflust, desto zufriedener werden die Mienen der Händler. Das große Angebot an antiken Kunstgegenständen, Gemälden und Taschenuhren ist charakteristisch für den Markt. Kenner können hier sicherlich das eine oder andere Schnäppchen machen. Für Rucksackpilger wie mich hieß die Devise: Enthaltsamkeit auch auf der Antiquitätenmeile. Lediglich einem kleinen in die Jahre gekommenen Pastillen-Döschen aus Turin konnte ich nicht widerstehen.

Ich bahnte mir meinen Weg durch die Menschenmassen am lebhaften Piazza Grande hindurch und erreichte bald den höher gelegenen Vorplatz des Doms. Erhaben thront die Kathedrale San Donato über die Altstadt. Die Entstehung der gotischen dreischiffigen Basilika ohne Querhaus geht bis in das 13. Jahrhundert zurück. Prunkstück ist der weiße, wie geschnitzt wirkende Marmoraltar mit dem Grab des Heiligen Donatus, des zweiten Bischofs von Arezzo. Bemerkenswert ist auch der siebenteilige Fensterzyklus, ein herausragendes Werk der italienischen Glasmalerei. Eingetaucht im Sonnenlicht, schillern die Glasfenster mit Szenen aus dem neuen Testament in einem glanzvollen Farbenspiel.

Beeindruckt setzte ich mich auf eine Bank und bestaunte die Kunstwerke, die auch aus anderen Kirchen der Stadt zusammengetragen wurden. Ein besonderer Augenschmaus ist die Kapelle der Madonna del Conforto mit einer lichtdurchfluteten wunderschönen Kuppel. Leider konnte ich sie nicht näher besichtigen, da sie von einer Hochzeitsgesellschaft in Anspruch genommen wurde.

Der sich neben der Kathedrale anschließende Park verdient nicht nur einen Besuch, sondern gleichfalls erhöhte Aufmerksamkeit. Die großzügige Anlage, von der antiken Stadtmauer eingefasst, erlaubt einen tiefen Blick in die grenzenlose Weite der toskanischen

Landschaft. Eine gerade frei gewordene Bank ermöglichte mir die Einnahme einer Pole-Position. Wie ein Fotoapparat machten meine Augen immer wieder „klick" und leiteten die „Ansichtskarten" an mein hoch erfreutes Hirn weiter.

Mit den schönen Impressionen im Sinn machte ich mich mit bedächtigen Schritten auf den Rückweg. An einem schönen Plätzchen zogen zwei Straßenmusiker die Besucher mit ihren keltisch angehauchten Klängen in ihren Bann. Während sie gefühlvoll einen Klangkörper, der einer Miniaturform des Raumschiffes Orion ähnelte, mit ihren Händen streichelte, formte ihr Partner die Musikstücke mit seinem Saxofon zu einer vollendeten akustischen Einheit. Mir imponierte das Pärchen mit der ungewöhnlichen Instrumentenkombination. Längere Zeit lauschte ich ihren Melodien.

Ich schlenderte weiter und erreichte wieder mein schönes klösterliches Hotel. Dort hatte ich für 20 Uhr einen Tisch reservieren lassen. Bedauerlicherweise wurden wegen der Abendkühle keine Tische im Kreuzgang eingedeckt. Darauf hatte ich mich eigentlich versteift. Etwas enttäuscht musste ich mich mit einem Platz im Speiseraum zufriedengeben. Die Vorliebe der Italiener für das Kulinarische ist bekannt. Demzufolge enthielt die Menükarte gewiss Delikatessen, die ich in Ermangelung italienischer Sprachkenntnisse nicht entschlüsseln konnte. Ich fragte nach einer englischen Fassung. Die Kellnerin holte den Juniorchef, der sich alle Mühe gab, das Unverständliche verständlich zu machen. Seine Erläuterungen machten mich zum Speisekartenversteher. Nach kurzer Überlegung entschied ich mich für Vitello tonnato, Kalbfleischscheiben mit frischem Rucola und gehobeltem Parmesan. Dazu einen Insalata mista ohne Tomaten. Die mag ich nämlich nicht.

Abgerundet mit einem halben Liter Tafelwein mundete alles perfekt. Nach einem abschließenden doppelten Espresso kündigte sich die Bettreife an. Mit einem honorigen Trinkgeld bezahlte ich meine Zeche, verabschiedete mich mit einem freundlichen „Mille grazie" und ging nach oben in mein Gemach.

Bevor ich die Vorhänge zuzog, warf ich noch einen letzten Blick nach draußen. Stoisch ragten sie in die Dunkelheit. Die schweigenden Gemäuer. Wie die achtsamen Wächter meines Schlafes.

2
Der Ruf des heiligen Berges
Arezzo – La Verna, Bus-/Autofahrt am 3. Mai

Franziskus. Das Felsenkloster von La Verna. Der Pilgerweg. Gedanken, die mich beim Aufwachen bewegten. Eine Mischung aus Freude, gebannter Erwartung und knisternder Spannung stürzte mich in ein Wechselbad der Gefühle. Verläuft der Tag reibungslos? Fährt heute der Bus von Bibbiena nach La Verna? Wo bin ich wohl morgen um die gleiche Zeit? Brennende Fragen, die mich im Moment beschäftigten.

Irgendwie kam ich schlecht in die Gänge. Mein Fitnessprogramm gegen Trägheit sollte mich auf Trab bringen: Recken, Strecken, Dehnen. Jetzt noch ein gutes Frühstück mit einem leckeren Cappuccino als Muntermacher – der Morgen wäre mein Freund gewesen. Machen wir es kurz: Der Kaffee war gut, der Rest, na ja. Morgendliche italienische Schmalkost halt: ein kleines Hörnchen, zwei Scheiben Weißbrot, Butter, ein Klacks Marmelade. Meine Erwartungen wurden nicht wirklich übertroffen. In der Summe der ansonsten hervorragenden Hotel-Leistungen sollte das Frühstück wohl nur ein ganz kleiner Ausrutscher sein.

Ich schnürte den Rucksack, zahlte meine Rechnung, bedankte mich und verabschiedete mich mit einem Händedruck vom netten Hotelier. La Locanda di San Pier Piccolo. Diese Anlage werde ich in sehr guter Erinnerung halten.

Die Sonnenstrahlen erleuchteten die Altstadtgassen. Mit schläfriger Langsamkeit erwachte der Antiquitätenmarkt aus seinem Ruhemodus. Die Bürgersteige wurden quasi wieder „ausgeklappt". Erste Interessenten beugten sich über Porzellan, alte Wanduhren und Kristallleuchten. In Kauflaune schienen die Meisten noch nicht zu sein. Zunächst einmal sondieren und erst später zuschlagen, so hieß wohl überwiegend das Prinzip.

Ich schlenderte gemächlich in Richtung Bahnhof. Der Bus nach Bibbiena fuhr erst um 12.15 Uhr. Rund zwei Stunden Zeit standen mir noch zur Verfügung. In einem Supermarkt ergänzte ich meine Vorräte. Obst, Wasser, Kekse, ein kleines Baguette und eine Schale mit frischen Ananasstückchen füllten den Einkaufskorb. Ohne zu mucken wurden die Teile von meinem Rucksack gebunkert. Die Ananasschale in der Hand haltend, lief ich zur Piazza Guido Monaco zurück, einem belebten zentralen Platz mit vielen Sitzgelegenheiten. Hier ließ ich mich auf einer Bank nieder und verspeiste mit Begierde die süßen, goldgelben Tropenfrüchte.

Ich beobachtete die Leute. Ein ungleiches Paar zog händchenhaltend, munter turtelnd an mir vorbei. Er Ende 20, sie um die 50, auffällig auf jung gestylt. Ein Vater spielte ausgelassen mit seinen Kindern. Einige Bänke weiter tranken einige Männer, denen es, ihrem äußeren Erscheinungsbild nach zu urteilen, nicht gut gehen konnte, Bier aus Flaschen. Möglicherweise kam der eine oder andere aus Lampedusa.

Es war jetzt 11.30 Uhr. Zeit, um zum Busbahnhof zu gehen. Im rechts vom Bahnhof gelegenen Busschaltergebäude erkundigte ich mich nach der Weiterfahrt von Bibbiena nach La Verna. Nicht unbedingt überraschend musste ich erfahren, dass sonntags kein Linienbus nach La Verna fährt. „Was machen?", fragte ich den Bediensteten. Er zuckte mit den Schultern. Das irritierte mich. „Kann ich von Bibbiena aus ein Taxi nehmen?", wollte ich wissen. „Das dürfte schwierig werden", meinte er, so viel er wisse, gebe es dort keinen Taxistand. „Und nun?" Ich schaute ihn ratlos an. Wieder Schulterzucken. Seine Antworten waren zwar informativ, aber keineswegs lösungsorientiert.

Ich verließ den Schalterraum. „Es wird dir schon etwas einfallen", motivierte ich mich. „Warum nicht trampen?", redete ich mir ein. Ich erreichte die gegenüberliegende Bushaltestelle. Eine Hand voller Fahrgäste wartete bereits. Darunter auch ein junger Mann mit dunklem Vollbart, Wanderstiefeln und Rucksack. Sein Outfit kennzeichnete ihn nicht als normalen Touristen. Ich sprach ihn an. „La Verna?", fragte ich ihn. „Si", antwortete er. Er sprach ein wenig Englisch. Wir stellten uns vor. Er hieß Manuel und kam aus Verona. Auf Anhieb war er mir sympathisch. Manuel wollte ebenfalls von La Verna nach Assisi wandern. „Wie kommen wir von

Bibbiena nach La Verna?", wollte ich von ihm wissen. „Mit dem Bus", meinte er zutiefst überzeugt und zeigte mir sein Ticket. „No, no, no!", reflektierte ich spontan, „not on sunday!" Er blickte mich ungläubig an und wurde nachdenklich.

Der Bus kam. Wir stiegen ein und belegten zwei nebeneinanderliegende Sitzreihen. Manuel surfte rege auf der Internetverbindung seines Smartphones. Nach einer Weile zeigte er mir eine Adresse auf dem Display. Es war die Anschrift eines Einheimischen, der anbot, Pilger für kleines Geld mit seinem Privat-Auto zum Felsenkloster zu befördern. Manuel nahm telefonisch Kontakt auf und erhielt prompt ein Okay. Strahlend deutete er mit einem erhobenen Daumen auf seinen Erfolg hin. Große Erleichterung. Bestimmt hatte Franziskus seine Hände im Spiel gehabt.

Bevor der Bus zum Bahnhof nach Bibbiena abbog, sah ich noch schnell ein Hinweisschild: „Chiusi della Verna 25 Km". Eine leise Absage an jedwede aufkeimenden Laufabsichten.

Wir stiegen aus und warteten. Etwa zwanzig Minuten später fuhr ein kleiner Peugeot vor. Da war er, unser hochgeschätzter Fahrer. Kurze Begrüßung, die Rucksäcke im Kofferraum verstaut und schon ging es los. Nach einer halbstündigen, kurvenreichen Fahrt erreichten wir kurz hinter dem Örtchen Chiusi della Verna den großen Parkplatz des Felsenklosters.

„Quanta?", fragte Manuel unseren netten Fahrer. „Venti", meinte er. Zwanzig Euro, das war ein echter Freundschaftstarif! Mit einem „Mille Grazie" verabschiedeten wir uns von ihm.

Scharen von „angekarrten" Bustouristen und Ausflügler machten sich auf den kurzen ansteigenden Weg zum Santuario Francescano. *„Wer darf hinaufziehn zum Berg des Herrn, wer darf stehn an seiner heiligen Stätte? Der reine Hände hat und ein lauteres Herz".* So formuliert es auszugsweise der Psalm 24.3-6. In gewisser Weise meinte ich die Forderungen erfüllen zu können.

Eine innere Fügung geleitete mich. Es kam mir so vor, als wenn der Berg nach meinem Namen fragte, ja, nach mir rief. Ich, der kleine Pellegrino, war in Demut an einer zentralen Wirkungsstätte eines großen Heiligen angekommen. Mit jedem Schritt spürte ich die magnetische Urkraft dieser geschichtsträchtigen Umgebung.

: andere Urkraft machte sich an den bewaldeten Hängen
en. Einige Wochen zuvor hatte ein Orkan das Waldgebiet
cht und mit zerstörerischer Gewalt eine tiefe Schneise der Verwüstung hinterlassen. Hunderte von Bäumen lagen wie umgeknickte Streichhölzer am Wegesrand. Einige hatten mit ihrer Wucht die Böschungsmauern beschädigt. Gerade wenn die Natur die Muskeln spielen lässt, wird klar, dass wir Menschen nur mickrige Geschöpfe sind.

Der beeindruckende Klosterkomplex lag nun vor uns. Nach kurzen Formalitäten an der Rezeption durften wir in den Schlafraum der Pilgerherberge. Neben der kostenlosen Übernachtungsmöglichkeit in der Herberge stellt die Klosterverwaltung zusätzlich Zimmer in einer Foresteria, einem Gästehaus, gegen Entgelt zur Verfügung. Um zur Herberge zu gelangen, geht man an der Basilika vorbei über den Piazzale Quadrante zum rechtsseitig gelegenen Gebäudeflügel. Hier befindet sich ein schöner, sehr sauberer Schlafsaal mit 13 Einzelpritschen.

Schlafsaal im Felsenkloster La Verna

Wenn man als Erster den Raum betritt, wetteifern die Betten um die Gunst ihrer Nutzer. Zwei Pritschen am Ende der Wand hatten es uns angetan. Diese Wahl ließ nur einen direkten Nachbarn zu. Manuel wollte noch ruhen. Hingegen zog es mich nach draußen.

Ich ging über den gepflasterten, von einer Steinmauer umgebenen Piazzale Quadrante zum Holzkreuz und setzte mich auf die Mauer. Das große in den Stein eingelassene, wie ein Mahnmal aufragende dunkle Kreuz zieht den Blick in das weitläufige Panorama der Bergkette des Apennins. Die Ortschaft Chiusi della Verna, das Tibertal und das Städtchen Bibbiena sind von dort aus gut zu erkennen.

Holzkreuz am Piazzale Quadrante

Von Stille konnte keine Rede sein. Im Moment wimmelte es nur so von Touristen. Leider verhindert der Rummel eine innere Einkehr oder Meditation.

Im Frühjahr 1213 herrschten noch andere Verhältnisse. Zu dieser Zeit besuchte Franziskus gerade mit seinem Bruder Leo die Gegend des Montefeltro. Auf einem Schloss hielt er eine mitreißende Rede, die die Aufmerksamkeit des anwesenden Grafen Orlando Catani von Chiusi auf sich zog. Franziskus' Predigten unterschieden sich wohltuend von denen der gewöhnlichen Kleriker, denn seine Lehrmeister waren nicht Bücher, Kirchenlehrer oder Wortweise, sondern lediglich seine tiefe Leidenschaft und die Lieder der Vögel. Der faszinierte Graf lud ihn anschließend zu einem Gespräch ein. Tief beeindruckt von seinen Worten und seiner Absicht, Gott mit voller Hingabe selbstlos zu dienen, bot er Franziskus einen einsam gelegenen Berg in der Toskana, den La Verna, an.

Franziskus imponierte das Angebot. Um den Berg für seine Vorhaben in Augenschein zu nehmen, entsandte er wenig später zwei Brüder. Deren Schilderungen waren so überzeugend, dass er das Geschenk mit großer Freude annahm.

Den Überlieferungen zufolge wurde Franziskus bei seinem Erstbesuch von einer großen Schar Vögel begrüßt. Er interpretierte dieses Phänomen als ein Zeichen göttlicher Zustimmung.

Zunächst wurde auf dem Felsplateau eine kleine Einsiedelei errichtet, in der sich Franziskus in den Folgejahren regelmäßig zur inneren Einkehr absetzte. Sein letzter Aufenthalt datierte aus dem Jahr 1224. Krank und schwach fastete er dort zurückgezogen über mehrere Wochen bis an den Rand des körperlichen Zusammenbruchs. In einer der Nächte des Betens wurden ihm durch eine Erscheinung die Stigmata, die Wundmale Christi, verliehen: Sowohl an den Händen als auch an den Füßen bildeten sich Wundnarben. Auch seine rechte Körperseite war wie von einer Lanze durchbohrt und sonderte blutähnliche Sekrete ab. Die gottverliehenen Kennzeichen huldigten ihn symbolisch als „zweiten Jesus“.

Ende September 1224 verließ er den La Verna. Bis zu seinem Tode versuchte er die Zeichen des Wunders zu verheimlichen. Nur wenige Vertraute erfuhren davon.

„Excuse me, would you take a picture of us?”, fragte mich ein Tourist, dessen Frau neben mir auf der Mauer Platz genommen hatte. „Yes, of course“, entgegnete ich. Der Amerikaner gab mir seine Kamera. Er setzte sich neben seine Frau, nahm sie in den Arm und lächelte gekonnt in die Linse. Das Paar im Blick, die Weite des Apennins als Hintergrundmotiv, es wurde ein perfektes Foto. „Thank you!“, strahlte er mich an und entschwand mit seiner Gattin in die Masse der Menschen.

Ich verließ meinen schönen Mauerplatz, ging an der Kapelle der Heiligen Maria Magdalena vorbei zum imposanten Sasso Spicco, einer kleinen Felsenschlucht mit aufeinandergewürfelten bizarren Felsblöcken. Die ganze Dimension des Naturschauspiels wird deutlich, wenn man die Treppenstufen hinabsteigt und demütig in Höhe des schlichten Holzkreuzes unter dem Felsengewölbe verharrt. An dieser Stelle soll Franziskus gerne meditiert haben. Ein beneidenswerter Platz, um inmitten der Übermacht der Natur in sich zu kehren.

Eine außergewöhnliche Meditationsstätte für Franziskus: Sasso Spicco

Ich stieg die Treppen wieder empor und schloss mich der gerade beginnenden Prozession an. Durch einen langen Gang, der zur Felsseite mit 21 Bildern aus dem Leben des Heiligen geschmückt ist, führte der feierliche Umzug zur Stigmata-Kapelle. Die Stelle, an der Franziskus seine Wundmale empfing, ist mit einem roten Marmor-Rahmen gekennzeichnet. Sie befindet sich unweit des schlichten Altars.

Die Basilika war mein nächstes Ziel. Die rechtwinklig von einem Säulengang umrahmte Kirche wird von einem quadratischen Kirchturm flankiert. Das einschiffige Innere wird von mehreren Seitenaltären, in denen wunderschöne mit einer Glasur überzogene

Stigmata-Kapelle mit Altar

Terrakotta-Kunstwerke aufragen, dominiert. Die kostbarsten Stücke befinden sich in der Reliquienkapelle. An der Rückwand sind in einem gläsernen Schrank einige Gebrauchsgegenstände und die Blutreliquie von Franziskus ausgestellt. Dabei handelt es sich um ein Stück Leinen, das er als Schutz vor der rauen Kutte auf der Seitenwunde trug. Es ist von ausgetretenem Blut durchtränkt. Eine weitere Kostbarkeit befindet sich gleich am Anfang der Kapelle. In einer Vitrine wird die Kutte, die Franziskus beim Empfang der Wundmale im September 1224 trug, gezeigt.

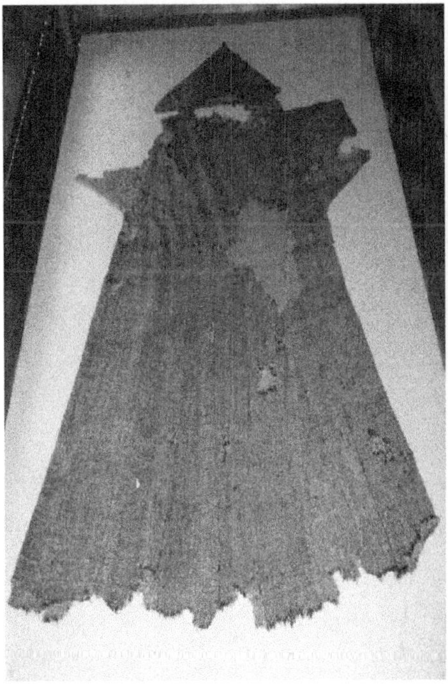

Kutte von Franziskus

Blutreliquie

Die Felsenfuß-Perspektive des riesigen Massivs, auf das das Kloster wie ein Juwel thront, sollte für jeden Besucher ein Muss sein. Ich verließ die Basilika und durchschritt ein Ausgangstor in südwestlicher Richtung. Nach der ersten Kurve erreichte ich die

Vogelkapelle. Das kleine Gebäude erinnert an die Stelle, wo Franziskus bei seinem ersten Besuch auf dem La Verna von Vogelscharen freudig begrüßt wurde.

Franziskus hatte zeitlebens ein besonderes Verhältnis zu Vögeln. Während einer Wanderung in der Gegend zwischen Canajo und Bevagno predigte er ihnen folgende Worte: *„Ihr Vögelein, meine Brüder, ihr sollt immerdar und an allen Orten Gott preisen, denn er hat euch die Freiheit gegeben, dass ihr nach Belieben möget fliegen und schweben, auch gab er euch ein gutes und schönes Gewand. Dazu hat er euch das Element der Luft überlassen, wofür ihr ihm danken sollt. Ihr säet ja nicht und erntet nicht, und Gott ernährt euch und gibt euch zum Trank die Flüsse und Quellen, auch gibt er euch zur Zuflucht die Berge und Täler und die hohen Bäume, eure Nester darauf zu bauen. Euer Schöpfer hat euch herzlich lieb, darum dankt ihm und seid stets eifrig, ihn zu loben."*[1] Starke Worte, die deutlich machen, dass Franziskus alle Lebewesen der Schöpfung gleichermaßen wie seine Freunde behandelte.

Gigantisch: der La Verna mit dem Felsenkloster

[1] *Aus Hermann Hesse, Franz von Assisi*

Zwei Kehren weiter erschließt sich eine spektakuläre Sicht auf den kolossalen Felsenfuß der Klosteranlage. Ein Vergleich mit den griechischen Meteora-Klöstern drängt sich geradezu auf.

Auf dem Felsplateau verlieren sich die Klostergebäude in der monumentalen Größe, um in ihrer Vollkommenheit einträchtig wie siamesische Zwillinge mit dem Felsmassiv zu verwachsen. Der liebe Gott musste einen wirklich guten Tag erwischt haben, als er diesen Berg modellierte.

In Demut stand ich gerührt vor dem in einem Gemeinschaftsprojekt von Natur und Menschenhand geschaffenen Meisterwerk. Ein Hingucker schlechthin! Viele Fotos fanden den Weg auf die SD-Karte meiner Digitalkamera. Über eine Mauer stieg ich auf eine duftende Blumenwiese. Für diese kleine körperliche Mühe wurde ich mit großem Kino belohnt. Inmitten von zartgrünen Gräsern, Butterblumen und Vergissmeinnicht konnte ich einige Elitefotos schießen, die für die Ewigkeit bestimmt waren.

Basilika auf dem Piazzale Quadrante

Es war inzwischen 18 Uhr geworden. Beseelt von den tollen Impressionen machte ich mich auf den Rückweg zum Kloster. Von den Touristen verlassen, war der Piazzale Quadrante inzwischen so gut wie menschenleer. Eine wohltuende Ruhe zog sich wie ein geheimnisvolles Gewand über die Anlage. Ich setzte mich wieder auf die Mauer neben dem Holzkreuz und ließ die Stille auf mich wirken. Gerne wäre ich für einen Moment in meine innere Welt abgetaucht. Meine neugierigen Blicke standen dem entgegen. Sie schweiften umher, sondierten die Gegend, richteten sich letztendlich auf die Formation der Dächer. Mit unregelmäßigen Ziegeln bedeckt, aus denen kreative Kamine wachsen, machen sie die Gebäude nicht nur zu einem Muster individueller Architektur, sondern auch zu Erbstücken der Brüder und Handwerker, die einst hier im Schweiße ihres Angesichts gearbeitet hatten.

Dezenter Gesang beschallte den Platz. In der Basilika wurde gerade die 18-Uhr-Messe gefeiert. In der Hoffnung, noch den Großteil der Eucharistiefeier miterleben zu dürfen, betrat ich die Kirche. Ich reihte mich in die Bänke der von Tagestouristen, Franziskanern und Pilgern gut besuchten Messe ein.

Die abendliche Vesper leitete den Ausklang des Tages ein. In einem Nebenraum des großen Pilgerspeisesaals waren die Tische bereits eingedeckt. Fünfundzwanzig Euro kostet das Dinner inklusive Frühstück am nächsten Tag. Zusammen mit drei Iren, zwei jungen Burschen aus Berlin, Manuel und Hans-Walter aus Straßburg bildeten wir eine illustre Gesellschaft. Hans-Walter, ein promovierter Jurist und passionierter Wanderer, erzählte uns einige Anekdoten von seinen diversen Wandertouren. Von Florenz aus gestartet, beendete er seine diesjährige Reise auf dem La Verna. Die Fortsetzung war für das nächste Jahr geplant.

Zurück zur Herberge. Inzwischen waren elf von dreizehn Betten belegt. Das Tagebuch um die Ereignisse ergänzt, den Knopf des MP3-Players im Ohr versenkt, so huschte ich in meinen Schlafsack.

Die Nacht legte sich auf einen wunderschönen, bewegten Tag. La Verna – zweifelsohne ein unvergesslicher Haltepunkt in meinem Leben.

3
Der Tanz der Schmetterlinge
La Verna – Pieve Santo Stefano, 20 Km am 4. Mai

Genau so hatte ich mir das vorgestellt. Der Schlafsaal war eine Oase der Stille. Keine Schnarcher! Keine Huster! Keine Nachtfurzer! Unglaublich! Dabei waren überwiegend ältere Pilger anwesend. Gerade die ältere Fraktion ist erfahrungsgemäß nachts häufig für geräuschvolle Störmanöver bekannt. Wie dankbar war ich für sieben Stunden uneingeschränkten Tiefschlaf!

6.30 Uhr. Übliches Gerödel. Plastiktüten-Rascheln. Immer das Gleiche: Jeder kramt seine Utensilien zusammen, sortiert und verstaut sie in den Rucksack. Dann fällt einem auf, dass die Hackordnung im Rucksack nicht stimmt, vielleicht nicht das ideale Kleidungsstück ausgewählt wurde oder die geschätzte Sonnencreme gerade mit einer Tarnkappe unterwegs war. Und wo, verflixt noch mal, ist doch gleich der Wanderführer? Also, im Zweifel alles wieder raus und erneut rascheln, rödeln, einpacken. So oder so ähnlich sieht er aus, der frühmorgendlich beginnende Pilger-Alltag!

Wie schön kann doch ein Waschraum sein. Wenn noch genügend Platz vorhanden ist. Und das war im Moment der Fall. Nach einer Katzenwäsche kehrte ich in den inzwischen weitgehend verlassenen Schlafsaal zurück, packte meinen Rucksack und ging zur Basilika. Die um sieben Uhr beginnende Pilgermesse wollte ich keinesfalls verpassen. Die zahlreichen Franziskaner und die überschaubare Anzahl der Wallfahrer verschmolzen zu einer einträchtigen Glaubensgemeinschaft. Nach der Kommunion wurden die Pilger nach vorne gebeten. Rund ein Dutzend Personen reihten sich vor dem Altar auf. Der Priester segnete die Anwesenden und wünschte ihnen eine gute Wanderung. Jetzt konnte wirklich nichts mehr schief gehen. Mit den Segenswünschen der Franziskaner versehen musste die Pilgerreise in jedweder Weise gut gelingen.

Nach dem mittelmäßigen Frühstück marschierte ich um 8.30 Uhr los. Der Umweg am Fuß des Felsenklosters entlang belohnt mit einer atemberaubenden Natur-Kulisse. Natürlich entschied ich mich für diese Variante. An der Vogelkapelle vorbei zeigt an der dritten Kehre ein Schild den Weg nach Rimbocchi an. Eine kleine in die Mauer eingelassene Steintreppe ermöglicht deren Überquerung. Erneut stand ich staunend vor dem mächtigen Felsenfuß und blickte voller Ehrfurcht nach oben. Die Proportionen ließen mich gefühlt zum Pygmäen schrumpfen.

Gleich hinter der Felswand erstreckt sich ein herrlicher, großflächiger Buchenwald. Von der Bruderschaft der Franziskaner über Jahrhunderte sorgsam gehütet, zählt der naturbelassene Waldabschnitt mit seinen imposanten Baumriesen zu den schönsten in ganz Italien. Im Widerschein des Lichts leuchteten die zartgrünen Blätter im knorrigen Geäst wie funkelnde Edelsteine. Flüsternd wogen sie sich im lauen Wind. Gelbe Margeriten setzten ihre farblichen Akzente in das urwaldähnliche Gebiet. Mächtige moosbewachsene Felsbrocken stellen sich wie Mahnmale in den Weg und wollten umkurvt werden.

Ohne Moos nichts los: bemooste Felsbrocken im La-Verna-Wald

Maximale Stille. Nirgends wird der Mensch in seinem Innersten freier als in der Natur. Die Atmosphäre ließ mich bedingungslos in die Tiefe meiner Gefühlswelt stürzen. Ich war allein mit mir und meiner Seele. Endlich! Wie sehr hatte ich mich danach gesehnt. Und wenn man sich nach etwas sehnt, dann empfindet man die Erfüllung intensiver, gründlicher, noch nachhaltiger.

Meinen Blicken gewährte ich ungezügelten Auslauf. Sie drangen in die grüne Pflanzenwelt ein. Die Farbe Grün dominierte monopolistisch ihre botanischen Untertanen. Farne, moosbewachsene Felsen, das Laub der Bäume, alle unterwarfen sie sich schweigend dem grünen Diktat. Der Wald überschüttete mich ständig mit neuen Eindrücken, die ich dankbar wie ein Korallenschwamm aufsog.

Diese Befähigung hätte ich auch dem Pfad gewünscht. Von den heftigen Niederschlägen der letzten Tage aufgeweicht, verhinderte der für die Gegend charakteristische Lehmboden ein Durchsickern der Wassermassen. Immer zahlreicher wurden die Pfützen, bis sie sich abschnittsweise zu Seenlandschaften verdichteten. Andauernd musste ich ausweichen und mir Umwege durch das Gehölz bahnen. Nur gut, dass ich mit Trekkingstöcken ausgerüstet war. Sie waren in gewisser Weise meine Bodyguards. Durch sie wurden meine Bewegungen abgesichert und stabilisiert. Für den Fall eines Ausrutschers auf dem glitschigen Lehmboden hätten sie meinen strauchelnden Körper wahrscheinlich noch abfangen können.

Der Weg war sowohl anstrengend als auch fordernd. Aber er gab mehr, als er mir abverlangte, zurück.

Ein Baumkrüppel, der durch welche Umstände auch immer, in Meterhöhe abgebrochen war, demonstrierte eine auffallend hohe Überlebensenergie. Er setzte an der Abbruchstelle ein aufrichtiges Zeichen und trieb neu aus. Eine wichtige Botschaft ließe sich hieraus ableiten: Auch wenn dir das Schicksal Bananenschalen vor die Füße schmeißt, erhebe dich, kämpfe und richte dich wieder auf. In ähnlicher Weise hatte mir mein Vater von Kindesbeinen an oft eingebläut: „Junge, lass dich nicht unterkriegen, gib niemals auf!" Wie dankbar bin ich ihm noch heute für diesen Ratschlag.

Ein Hinweisschild zeigte mir, dass ich wieder die Hauptroute erreicht hatte. Dort begegnete ich zwei Schweizer Pilgerinnen. Mutter und Tochter waren mit ihrem Border Collie unterwegs. Alle drei ächzten unter der Last ihres mitgeführten Gepäcks.

Der Pfad führte entlang eines langgezogenen Kammrückens auf den 1.254 Meter hohen Monte Calvano. Dort legte ich eine Rast ein. Der erste Griff galt der Wasserflasche. Nanu? Es gab nichts Greifbares, das sich wie eine Wasserflasche anfühlte. Dabei hatte ich mir noch in Arezzo eine Flasche Mineralwasser gekauft und war mir ziemlich sicher, dass ich sie im Rucksack verstaut hatte. In aller Ruhe fingerte ich mich durch alle Abteilungen meines Rucksacks, doch keiner sagte: „Piep, hier bin ich!“ Sollte denn wirklich jemand ...? Nein, das schloss ich kategorisch aus. Pilger sind ehrliche Menschen und vergreifen sich nicht an anderer Leute Sachen. Aber trotz inzwischen sehr sorgfältiger Suche bis in jeden Winkel tauchte sie nicht auf. In so einer Situation fängt man an zu überlegen, zu grübeln, zu zweifeln. Wahrscheinlich – so meine erste Version – hatte ich die Flasche im Bus, der nach Bibbiena fuhr, verloren. Nicht witzig, denn unterwegs gab es keine Einkaufsmöglichkeiten mehr. Ich musste mich zwangsläufig damit abfinden: Die Strecke bis Pieve Santo Stefano wird zur Durststrecke! Eine Birne und eine Mandarine sorgten für eine klitzekleine Linderung.

Ich wollte mich nicht weiter mit dem Thema beschäftigen. Im Vertrauen auf meinen Körper, der mich bei meinen zahlreichen Wanderungen auch in Extremsituationen nie im Stich ließ, lief ich weiter. Manchmal helfen beglückende Impressionen negative Gedanken in positive zu transformieren. Ein balzendes Zitronenfalterpärchen entlockte mir nicht nur ein helles Entzücken, sondern stimulierte auch meine poetische Ader: „Der Frühling naht, die Falter fliegen, da frag ich mich, wie die sich kriegen?“

Die Schmetterlinge berührten sich, schlugen schwungvolle Saltos und tanzten ihren trunkenen Liebestanz. Es schien, als wenn das von den Blumen ausströmende Parfüm die Paarungswilligkeit des Pärchens noch verstärken würde. Eine Zeitlang beobachte ich das Luftritual der liebestollen Insekten. Balzende Schmetterlinge sind sicherlich nicht die große Sensation. Wahrscheinlich hatte ich ähnliche Begattungsszenarien schon erlebt, aber nie wirklich registriert. In der Einsamkeit der Natur, in der Stille der Schöpfung nimmt man das Zwitschern der Vögel, das Rauschen der Blätter und die Begegnungen mit Insekten und Tieren in einer ganz anderen Qualität wahr. Mein Gehör war so sensibel ausgerichtet, dass ich manchmal meinte, das Gras wachsen zu hören. Und meine Beobachtungsgabe glich der eines Luchses auf der Pirsch.

Wildschweine verfügen nicht über die grazilen und eleganten Eigenschaften der Schmetterlinge. Erst recht nicht bei der Futtersuche. Ihrem Namen machen sie dabei alle Ehre, denn zimperlich sind die Borstentiere bei der Nahrungsbeschaffung nicht. Kilometerlang zeugten tiefe Wühlfelder vom emsigen Futterdrang der offensichtlich zahlreichen Schwarzkittel-Population. Mit erhöhter Wachsamkeit, vielleicht sogar in leichte Alarmstimmung versetzt, bewegte ich mich vorwärts. Attacken von Wildschweinen sind zwar mehr Jägerlatein als Realität. Gleichwohl, noch vor kurzem mussten zwei Mädchen in einem nordrhein-westfälischen Wald vor einer angriffslustigen Bache auf einen Baum flüchten. Gut, dass sie ein Handy dabei hatten. Alarmierte Polizisten befreiten sie aus ihrer misslichen Lage. Den Vorfall im Hinterkopf, hielt ich meine Stöcke verteidigungsbereit.

Nach Verlassen der „Gefahrenzone" machte ich an einer Lichtung Halt und setzte mich auf einen Baumstumpf. Wie gerne hätte ich meinen inzwischen erwachsenen Durst gelindert. Meine Lippen fühlten sich trocken an. Unerbetene Müdigkeit gesellte sich hinzu. Derartig üble Weggenossen braucht man nicht wirklich! Mich innerlich zur Disziplin rufend, versuchte ich sie zu ignorieren. „Ultreya", heißt es in Spanien, „continuare" in Italien. Weiter, heißt es für Pilger seit vielen Jahrhunderten.

Mein ungebrochener Wille trieb mich an. Wunderschöne Blumenwiesen avisierten den Weiler Grigliano. Danach ergeben sich erste Tiefblicke in das Tibertal. Ich zückte meine Digicam und fing einige Fotos ein. Mit einem freundlichen „Hallo" schloss Melanie, eine junge sportliche Pilgerin aus Südtirol, zu mir auf. Sie war auf dem Weg nach Pieve Santo Stefano. Ihre Wanderung hatte sie minutiös durch vorab gebuchte Hotels geplant. Allerdings schien mir ihr Vorhaben, Assisi in nur sieben Tagesetappen erreichen zu wollen, sehr ambitioniert zu sein.

Ein Hinweisschild an einer Abzweigung signalisierte mir mein heutiges Ziel „B & B, Il Castellare“. Vorbei an einer Weide mit Dutzenden von gaffenden Rindviechern, erreichte ich nach einer halben Stunde erschöpft und stark dehydriert die Pension.

Von Weinreben umgeben: Bed & Breakfast Il Castellare

Ich öffnete die Eingangstür mit einem lautstarken „Hallo!“ Anna-Maria, die Pensionswirtin erschien kurze Zeit später. „I’m so sorry, but before I can say anything, I need a large bottle of water and a cold beer”, bat ich sie inbrünstig, fast flehend. Anna-Maria erkannte meine Not, verschwand und kehrte mit einer großen Flasche Wasser und einer gekühlten Flasche Bier zurück. Eine Umarmung konnte ich mir noch soeben verkneifen, nicht jedoch ein „Mille grazie“. Mit den beiden Flaschen im Arm bewegte ich mich im Stechschritt zu den Sitzgelegenheiten im Garten. In gieriger Unbeherrschtheit setzte ich die 2-Literflasche an. Wie ein Wasserfall ergoss sich die Flüssigkeit in mein Innerstes. Als ich sie wieder absetzte, war sie halbleer. Nun kam das Bier an die Reihe. Die Kühle des Gerstensaftes erzeugte in mir die gleiche belebende Wirkung wie ein Sauerstoffzelt für einen erschöpften Sportler. Ich war wieder ich, konnte wieder klare Gedanken fassen. Fazit: Ein extremes Durstgefühl ist etwas ganz Schreckliches!

Wieder in den Normalstand versetzt, kehrte ich zu Anna-Maria zurück. Sie zeigte mir mein Zimmer: Ein Raum mit drei Einzelbetten, allein für mich. Sauber, zweckdienlich eingerichtet, mehr braucht man als Pilger nicht. Die ultimative Dusche umso mehr. Insbesondere das kalte abschließende Abduschen holte auch die letzten Lebensgeister aus ihrer Ecke.

Draußen traf ich zu meiner großen Freude Manuel wieder. Auch er hatte sich hier einquartiert. Wir verabredeten uns um 18 Uhr in einer Pizzeria in der Ortschaft.

Ich machte mich auf den Weg zum ein Kilometer entfernten mittelalterlichen Städtchen. In einem neben der Wallfahrtskirche Madonna dei Lumi gelegenen Supermarkt besorgte ich mir Proviant.

Es war jetzt 18 Uhr. Leider öffnete die Pizzeria, in der ich mich mit Manuel treffen wollte, erst um 19 Uhr. Was tun? Etwa eine Stunde Zeit vergeuden? Nein! Ich entschied mich, erneut den Supermarkt aufzusuchen. Ein Baguette, eine Portion Meeresfrüchtesalat und ein Becher Joghurt sollten die Funktion einer „Ersatzpizza" einnehmen. Selbstredend hatte ich zwei Flaschen Bier bei Anna-Maria in meine geistige Umlaufbahn gebracht.

Ich kehrte zur Pension zurück und breitete mein zusammengewürfeltes Abendessen in der schönen von Weinreben umrankten Laube aus. Das obligatorische Bier kam wie von selbst. Nach einer Weile gesellten sich die Schweizerinnen Claudia und ihre Tochter Anna zu mir. Die beiden waren mir unterwegs kurz vor dem Monte Calvano mit ihrem Hund begegnet. „Wo kommt ihr her?", fragte ich neugierig. Claudia zögerte ein wenig, klimperte unruhig mit ihren braunen Augen. „Wir kommen vom Züricher See", entgegnete sie in einem ausgeprägten schweizer Dialekt. Dann folgte der Knaller. „Aber eigentlich komme ich von nirgendwo her", fügte sie ohne Umschweife hinzu. „Was? Von nirgendwo? Wie meinst du das?", schaute ich sie verblüfft an. „Tja, ich habe alles aufgegeben: meinen Beruf, meine Wohnung, sogar mein Auto habe ich kürzlich verkauft", meinte sie nachdenklich, aber keineswegs reumütig. Mir fehlten fast die Worte. „Ich möchte nicht indiskret sein, aber aus welchen Beweggründen steigt man aus seinem alten Leben aus und beginnt ein neues?“, wollte ich wissen. „Hat dich etwa dein Beruf nicht mehr ausgefüllt?“, schob ich nach. „Doch, ich habe meinen Job geliebt, arbeitete gerne in der Behindertenpflege. Bei meiner Verabschiedung flossen viele Tränen.“ Diese Antwort war wie der Wurf einer Nebelkerze. Mein Verständnis ging für einen Moment auf Tauchgang. Ein Fragezeichen überholte das nächste. „Und nun?“ Nachdenklich schaute ich ihr in die Augen. „Ich weiß es noch nicht, vielleicht finde ich auf dem Weg die passende Antwort. Ich möchte einfach nur frei sein“, rutschte es aus ihr heraus. Frei sein? Und dafür alles aufgeben? Kein Plan? Vielleicht bin ich zu normal, zu bieder, zu sehr in meiner eigenen Schablone gefangen, um diese Entscheidung nachvollziehen zu können. Im fortgeschrittenen Alter von 54 Jahren ausbrechen, ohne Not alles aufgeben, nur seiner Bestimmung folgen, sich ohne Netz und doppelten Boden in ein neues Leben stürzen, das muss man erst einmal begreifen! Respekt und Chapeau! Meine Gedanken gingen mit mir weiter spazieren. „Was ist, wenn du krank wirst?“, wollte ich noch wissen. „Meine Krankenversicherung läuft weiter. Außerdem bin ich postalisch bei Anna gemeldet, kann notfalls auch bei ihr übernachten.“

Anna, eine zierliche hübsche junge Frau, verfolgte aufmerksam das Gespräch, hielt sich aber mit Kommentaren zurück. „Und wie stehst du zu den Plänen deiner Mutter?“, wollte ich von ihr wissen. „Ich finde sie gut“, meinte sie kurz und knapp, ihre Brauen bis zum Anschlag hochziehend. Man merkte es: Mutter und Tochter waren einträchtig miteinander verbunden, verstanden einander blind.

Anna-Maria hatte inzwischen eine Flasche Rotwein aufgetischt. Ich bot den beiden ein Gläschen davon an. „Wir Schweizer mögen italienischen Rotwein“, meinte Claudia. „Wir Deutschen auch“, schob ich der guten Ordnung halber nach. „Sag mal, in welchem Raum habt ihr euch einquartiert?“, wollte ich wissen. „Im Keller“, erwiderte Claudia etwas kleinlaut. „Es waren leider keine Zimmer mehr frei“, bedauerte sie. „Schön ist es nicht zwischen Kühltruhen und abgehängten Schinken zu schlafen“, ergänzte sie. Anna verstärkte die Aussage ihrer Mutter mit einem deutlichen Seufzer. Meine Gedanken rotierten. Hatte ich nicht für mich alleine ein Dreibettzimmer beansprucht? Wie egoistisch von mir, zwei Betten unbenutzt zu lassen, kam mir in den Sinn! „Mhm", entschlüpfte es mir, „in meinem Zimmer stehen drei Betten, zwei davon sind noch frei. Gerne könnt ihr sie haben, wenn ihr es möchtet." Anna war von meinem Angebot sofort begeistert. „Ich weiß nicht, Anna-Maria hatte uns zunächst abgewiesen, da alle Zimmer besetzt waren. Erst auf meine eindringliche Bitte hin, hier bleiben zu dürfen, hat sie uns den Keller angeboten und eine Ecke freigemacht. Wäre es nicht unhöflich, den Keller aufzugeben, um bei dir einzuziehen?", gab Claudia zu bedenken. „Kann ich mir nicht vorstellen, Anna-Maria ist bestimmt darauf bedacht, dass sich ihre Gäste wohlfühlen und wird gewiss nichts dagegen haben, wenn ihr umzieht."

Prompt ging ich zum Haus und rief nach unserer Hausherrin. Sie war über die angedachte Lösung hocherfreut und lobte sie ausdrücklich. Erleichtert nahmen die beiden Schweizerinnen die frohe Botschaft auf. „Was machen wir mit dem Hund?", fragte ich. „Den nehmen wir mit ins Zimmer", meinte Claudia. Mir wuchs ein leichtes Stirnrunzeln ins Gesicht. „Du brauchst keine Bedenken zu haben, der ist mucksmäuschenstill. Du wirst ihn überhaupt nicht bemerken", schob sie gleich nach. „Okay, und wenn nicht, dann kann ich ja notfalls auf das Ausweichquartier im Keller zurückgreifen", frotzelte ich. „Nein, nein, das wird nicht nötig sein, es ist so, wie ich es gesagt habe", beschwichtigte mich Claudia. Ich schaute ihr tief in die Augen. Diese Augen konnten nicht lügen. Sie reflektierten Vertrauen, unbedingte Grundehrlichkeit.

Manuel tauchte wie aus dem Nichts auf und setzte sich zu uns. Kurze Zeit später fuhr ein Auto vor. Behäbig stieg eine Frau aus und ging direkt zum Eingang der Pension. „That's Angela Seracchioli", betonte er. Angela Seracchioli? Mir klingelten die Ohren. Die Autorin meines Wanderführers, hier in Pieve? Unglaublich! Soweit mir bekannt war, wohnte sie doch in Assisi! „How do you know?", fragte ich ihn neugierig. „Anna-Maria said in the afternoon that her friend Angela wanted to visit on their way back from a pilgrimage meeting", meinte er. Ein Freundschaftsbesuch also.

Der Besuch kam mir sehr gelegen. Ohnehin wollte ich sie in Assisi aufsuchen, um ihr eine Geldspende für eine geplante neue Pilgerherberge zu überreichen. Zudem wollte ich mich mit ihr über den Franziskusweg austauschen.

Ein Lächeln umspielte ihre Lippen, als sie nach einer Weile auf uns zu kam. Man spürte es, diese Frau war von gütiger Warmherzigkeit durchdrungen, strahlte einen typisch italienischen Frohsinn aus, versprühte auf Anhieb Sympathie. „I'm Angela." „I'm Dietmar." Kurzes Vorstellungsgetue. Smalltalk. Wir verabredeten uns prompt in Assisi.

Angela stieg ein. Das Auto setzte sich in Bewegung und brauste davon. Lange schaute ich hinterher. Was für ein fabelhafter Zufall!

Von links: Manuel, Angela und ich

Die Nachbarstochter Georgia unterhielt uns noch mit ihren sehenswerten Diabolo-Kunststücken, die wir mit Applaus honorierten.

Unterhaltung, Zufälle, nette Leute, dieser Abend hatte es in sich!

4
Pilgern auf dem Motocross-Motorrad
Pieve Santo Stefano – über Kloster Cerbaiolo nach Montagna, 28 Km am 5. Mai

Es war unfassbar still. Totenstill sogar! Der Aufschlag einer Stecknadel wäre mit dem Einschlag einer Artilleriegranate vergleichbar gewesen.

Ich horchte, lauschte, versuchte angestrengt Geräusche zu orten. Nichts, aber auch gar nichts ließ auf die Anwesenheit meiner Bettnachbarn, auch des Vierbeinigen, schließen. Sie bewegten sich nicht. Sie atmeten nicht. Zumindest nicht hörbar. Vor lauter Stille konnte ich nicht einschlafen. Ich wälzte mich von der einen auf die andere Seite, wunderte mich über mich selbst. Es war zu ruhig. Ich, der Geräusch-Empfindliche, der Schnarchen als Folter empfindet, „litt“ unter der Lautlosigkeit der Leiseatmer. Völlig beknackt!

Irgendwann schlief ich dann wohl ein.

Gegen 7 Uhr schellte der Wecker. Meine Blicke zielten auf Claudia und Anna. Claudia richtete sich auf, was bei mir Erleichterung auslöste. Doch was war mit Anna? Die Decke noch halb über den Kopf gezogen, schlummerte sie weiter. Der Border Collie, nachts völlig abgetaucht, erhob sich pomadig von seiner Schlafstelle. Der Totgeglaubte zeigte eindeutige Lebenszeichen. Noch immer lag Anna leblos unter ihrer Decke.

Mit dem Kulturbeutel in der Hand wollte ich ins Bad gehen. In diesem Moment vernahm ich die Worte „au, Schitt.“ Das süße Gesicht von Anna kroch schlaftrunken aus ihrer Deckung hervor. Ein wenig zerknittert sah sie aus. „Guten Morgen, Anna, hast du gut geschlafen?“, sprudelte es aus mir heraus. „Ich habe Kopfweh, au Schitt“, fluchte sie erneut und kramte in einer kleinen Tasche nach Tabletten. Die eidgenössische Chemie war jetzt gefragt.

Frisch geduscht betrat ich wieder den Raum und packte meinen Rucksack. Anna, inzwischen ein wenig vitalisiert, schlich ins Bad. Und ich die Treppen hinauf zu Anna-Marias großer Küche. Dort wurde das Frühstück serviert. Zusammen mit einigen Pilgern ließ ich mir die Marmeladenbrote schmecken. Mit einer herzlichen Umarmung verabschiedete ich mich von meiner Gastgeberin.

Den Rucksack geschultert, die Trekkingstöcke aufgegriffen, noch einige aufmunternde Worte an Claudia und Anna gerichtet und auf ging's.

Die Sonne leuchtete heute wie eine 1000-Watt-Birne. Ihre Strahlen drangen tief in mich ein, stärkten meinen Körper und meine Sinne, sorgten für eine optimale Wanderstimmung. Wie sehr freute ich mich auf diesen Tag. Er sollte schweißtreibend und mega-anstrengend werden.

Ich passierte die Tiber-Brücke, ging nach links, dann nach 500 Metern rechts durch einige Siedlungen die Straße hinauf und erreichte bald den steilen Wanderpfad. Ein Rückblick ermöglicht eine herrliche Fernsicht auf die Stadt und das Tibertal. Zum ersten Mal begegnete mir Rotwild. Ein junger Rehbock mit Ricke querte aufgeschreckt den Weg und verschwand ebenso schnell wieder im Dickicht der bewaldeten Berge. Der Flora galt stets meine besondere Aufmerksamkeit. Kleinwüchsige Eichen mit merkwürdigen runden eichelähnlichen Gebilden säumten den Wegabschnitt. Mir war schleierhaft, ob es sich um überwinterte Früchte oder Parasiten handeln würde.

Nach einer Weile erreichte ich ein Seitental mit herrlich blühenden Wiesen und einem verfallenen Gehöft. Ein sich anschließender steiler Anstieg forderte erneut meine gebündelte Kraft heraus. Momentan war mein Reservoir noch gut gefüllt und so fielen mir die Bewegungen leicht.

Melanie, die ich am Vortag kurz vor Pieve Santo Stefano getroffen hatte, schloss mit sportlichen Schritten zu mir auf. Bis dahin hatte ich keine Menschenseele zu Gesicht bekommen. Zusammen liefen wir bis zum nicht mehr weit entfernten Kloster von Cerbaiolo. Kurz vor dem Konvent erhebt sich ein Fels, in dem großflächig das Abbild des gekreuzigten Christus eingeschlagen wurde. Es ist das Werk eines unbekannten Künstlers aus den 60-er Jahren. An der Klosterpforte nahm uns der Einsiedler Francesco in Empfang. Bereitwillig zeigte er uns die Anlage. Neben der Kapelle und den 17 Zellen besitzt das Klösterchen einen schönen von Kreuzgängen ummantelten Innenhof mit Brunnen. Auf einer Tafel prangt der zeitlose Leitspruch „Ora et labora". „Arbeite und lebe"! Wie wahr! Werte, die im Mittelalter geboren und gezeitigt wurden, gelten in unserer schnelllebigen, von Hektik geprägten Zeit erst recht. Ein Motto, um in Bernstein gegossen zu werden!

Das Kloster, einst von den Benediktinern gegründet, wurde von der Deutschen Wehrmacht im Sommer 1944 bis auf die Grundmauern zerstört. Im Bewusstsein dieses abscheulichen Verbrechens war der Besuch dieser Stätte für mich beklemmend und emotional zugleich. Letztendlich waren es blindwütige, unter Befehl stehende Deutsche, die diesen einzigartigen Ort der Stille und des Gebetes dem Erdboden gleichmachten. Diese Gedanken waren und sind für mich belastend. Insgeheim schäme ich mich dafür.

Chiara Barboni, eine großartige selbstlose Frau, ermöglichte vor etwa 50 Jahren den Wiederaufbau der Klosteranlage. Sie legte großen Wert darauf, dass die franziskanische Bescheidenheit bei der Rekonstruktion erhalten blieb. Als Franziskanerin lebte sie bis zu ihrem Tod im April 2010 mit ihren Ziegen zurückgezogen in den Gemäuern. Ihr Grab befindet sich auf dem kleinen Friedhof unterhalb der Kapelle am Fuße der Einsiedelei.

Neben dem Kloster lädt ein kleiner Rastplatz zum Verweilen ein. Es ist ein wunderbarer Ort zum Ausklinken und Luftholen inmitten der Natur. Von dort gewinnt man einen malerischen Blick in die Weite der toskanischen Landschaft. Insbesondere der nahe gelegene Lago di Montedoglio zieht die Aufmerksamkeit magisch an.

Hier picknickt man gerne. Ob ein Stück Brot mit Käse oder eine Banane, sie entwickeln sich an der frischen Luft zu einem kulinarischen Höhepunkt. Ein Schluck prickelndes Mineralwasser wird gefühlt zum köstlichen Pilger-Champagner.

Viel Zeit, um zu bleiben, hatte ich freilich nicht. Rund 20 mühevolle Kilometer lagen noch vor mir.

Fotos auf der nächsten Seite: *oben links: Kloster Cerbaiolo, rechts: Innenhof, in der Mitte links: der in den Fels geschlagene gekreuzigte Jesus. Daneben: der barmherzige Jesus, Fotos unten: Kloster Cerbaiolo*

Ich ging abwärts zur kleinen Kapelle und stattete der Grabstätte von Chiara noch einen Besuch ab.

Wieder am ursprünglichen Fahrweg angelangt, führte der Weg Richtung Viamaggio-Pass lange Zeit steil aufwärts.

Inzwischen stieg das Thermometer wohl auf 30 Grad. Die Hitze trieb mir den Schweiß gnadenlos aus den Poren. Eine Spirale setzte sich in Bewegung. Der Flüssigkeitsverlust bewirkt eine Mangelerscheinung im Körper. Kollege Durst taucht aus dem Abgrund des Verlangens auf und meldet seine berechtigten Ansprüche an. Dagegen hilft nur noch trinken! Nach Möglichkeit viel. Doch was ist, wenn der Vorrat knapp wird? Dann muss das Knappe verknappt werden. Eine geradezu entwaffnende Logik! Der Pegelstand meiner Trinkflasche signalisierte mir Niedrigwasser. Mit nur noch einem bescheidenen Liter Flüssigkeit stand ich gefühlt kurz vor „Reerve"! Die nächste planmäßige „Tankstelle" sollte es in einem Restaurant am Pass geben. So stand es jedenfalls im Wanderführer.

Wegweiser zum Viamaggio-Pass

Zum Reinbeißen: saftige Wiesen

Der Weg schlängelte sich durch saftige, blühende Wiesen. Und unter den Wiesen schlängelten sich vermutlich Wasseradern. Allein der Gedanke weckte Begehrlichkeiten in mir.

Endlich! Eine Straße. Ich bog rechts ab und stieß bald auf eine Kreuzung mit Verkehrsschildern. Dahinter befand sich eine Häuserzeile. An einem Gebäude stand: „Ristorante". Das musste es sein. Das im Wanderführer angekündigte Restaurant. Wie recht ich hatte! Es gab nur einen kleinen Haken: Es war geschlossen! Und das schon seit längerer Zeit. Erste Verfallserscheinungen machten sich bereits bemerkbar. Mein Gesicht wurde lang wie ein Metermaß. Ich hatte nur noch einen halben Liter Wasser. Das war so klar wie das restliche Wasser in meiner Flasche. Gnadenlose Trinkdisziplin war jetzt angesagt! Vielleicht hat der Weg ja Mitleid und fräst die Berge glatt, versuchte ich mir tröstend einzureden.

Hatte er nicht! Im Gegenteil! Gleich hinter dem Restaurant marterte er mich mit einem giftigen, kräftezehrenden, fortdauernden, langgezogenen Anstieg. Immer wieder musste ich anhalten, um zu verschnaufen. Meine Kräfte verzehrten sich beharrlich – so wie bei einer abbrennenden Kerze. Meine schmerzenden Beine gaben die ersten ernstgemeinten Protestnoten ab.

Eine Wiese lud mich zu einer dringend nötigen Pause ein. Ein kräftiger Schluck „aus der Pulle“, und schon ging es mir ein wenig besser. Doch die Zeit drängte. Es war inzwischen 15 Uhr geworden und ich musste noch etliche Kilometer bis nach Montagna laufen.

Die folgenden Markierungen waren nicht immer schlüssig. Ein gesunder Menschenverstand und eine gute Portion Orientierungssinn schützen vor Irritationen. An einem Zaun entlang wanderte ich auf dem langgestreckten Bergrücken weiter. Vorbei an einem verfallenen Gehöft auf der Alpe della Luna erreichte ich erschöpft und durstig die geschlossene Schutzhütte Forestale (Pan della Capanna). Gierig presste ich die letzten Wassertropfen aus meiner Flasche. Der nun folgende Wegweiser – etwa 100 Meter hinter der Schutzhütte – löste in mir Verwirrung aus. Ich lief zur Schutzhütte zurück und breitete mein umfangreiches Kartenmaterial aus. Ich kam nicht weiter. Ich lief wieder zum Wegzeichen. Monte Maggiore, Passo Bocca Trabaria, rechts abwärts nach Sansepolcro in sechs Stunden? Da wollte ich nicht hin! Mein Ziel hieß Montagna und bis dort waren es noch etwa acht Kilometer. Ich war ratlos.

Kollege Zufall sollte mir helfen. Knatter, knatter machte es. Ein Motorrollerfahrer näherte sich. Menschen zählten bisher zur ausgestorbenen Spezies. Und nun ein motorisierter Mensch? Ich staunte Bauklötze im XXL-Format. Meinen heftigen Winkbewegungen konnte der Fahrer nicht widerstehen. Er hielt an. „Scusi, how do I get to Montagna?", sprudelte es aus mir heraus. Er schaute mich wie ein Bauklötze-Produzent mit großen Augen an. War mir klar. Er verstand kein Wort! Gestenreich fragte ich, „Montagna???", und verbog mich dabei wie ein Fragezeichen. „Ah, capito!" Er zeigte nach rechts zum Weg nach Sansepolcro. „Si, si, grazie." Der Italiener knatterte davon. Also doch rechts. Trotz dieses Hinweises war ich skeptisch. Der Weg führte steil abwärts, um sich nach einem Kilometer im Laub zu verflüchtigen. Alarmstufe Rot! Nein! Dieser Weg konnte nicht mein Weg sein, es war nicht der Weg nach Montagna!

Worauf hatte ich mich bloß eingelassen? Ich sammelte meine letzten Kräfte und arbeitete mich im wahrsten Sinne des Wortes wieder zurück in die Ausgangsposition. Da stand ich nun, ich armer Wicht, durstig, erschöpft, ratlos. Ich raufte mir die Haare, war leergepumpt, sowohl im Kopf als auch im Körper. Der Weg hatte mich geschafft! Aufgeben? Niemals! Sollte ich nicht doch besser unter dem Vordach der Schutzhütte nächtigen? Wäre eine Option gewesen. Aber ich hatte Durst ohne Ende. Nein, ich musste weiterlaufen! Irgendwie! Mein unbeugsamer Wille peitschte mich an.

Franziskus hatte wohl „von oben" alles mitgekriegt und erbarmte sich des armen Weseler Pilgers. Er schickte einen Abgesandten in Form eines motorisierten menschlichen Engels. Erneut machte es knatter, knatter. Dieses Mal waren die Geräusche wesentlich lauter, viel aggressiver! Mit Tempo näherte sich ein Motocross-Motorrad. In der Hoffnung, dass es anhalten würde, stellte ich mich breitbeinig mitten auf den Fahrweg. Der Fahrer stoppte. „Scusi, can you help me, I'm looking for the way to Montagna", stammelte ich. Er zuckte die Schultern. Ach ja doch! Er verstand mich nicht. Erneut die gleiche Masche: Improvisation gespickt mit Mimik und Gestik. „Montagna???" „Si, si." Er winkte geradeaus, dann paddelte er mit seiner Hand nach links. „Chilometri???", fragte ich ihn. Mit seinen Fingern zeigte er mir acht Kilometer an. Acht Kilometer? Wahrscheinlich hätte ich mein Ziel nicht mehr aufrecht erreicht. Unter Einsatz der hohen Kunst der Gestik, gemengt mit einer Charme-Offensive allererster Güte, gab ich ihm zu verstehen: „Kannst du mich dort hinbringen?" Er nickte und klappte die hinteren Fußstützen aus. Das war fast so, als wenn mir jemand, in hoher See schwimmend, eine Rettungsinsel zugeworfen hätte. Erleichterung war nicht der richtige Ausdruck. Ich fühlte mich erlöst, von einer großen Pein befreit.

Meine Stöcke verstaute ich hurtig im Rucksack. Etwas mulmig war mir schon zumute, als ich aufstieg. Als Pilger auf einer Motocross-Maschine! Der Wilde Westen lässt grüßen! Bevor er losfuhr, drehte er sich um, zeigte auf seine Brust und rief bei laufendem Motor: „Professionista!“ Oh, er war ein Profi! Mit dieser Äußerung wollte er mich wohl beruhigen. Das Gegenteil war aber der Fall.

Der nette „Taxifahrer“

Motorcross- und Pilgerweg

Er startete und bog zwei Kilometer weiter links in einen steil abwärts führenden Bergpfad ein. Im Vorbeifahren konnte ich noch das Schild mit dem Hinweis nach Montagna erkennen. Von nun an ging's mächtig bergab. Und wie! Mich ließ der Eindruck nicht los, dass er sich mir gegenüber beweisen wollte. Die teilweise treppenartigen Felsbrocken nahm er flott. Schon nach wenigen Minuten hatte ich „die Hosen voll“. Mein Körper klebte wie Pattex an ihm. Nach Poesie war mir nicht zumute, „doch mein Herz pocht und schmettert, der Puls auf 190 klettert“, war eine treffende Zustandsbeschreibung. Dabei bin ich alles andere als ein ängstlicher Typ.

Die Gabel schlug an einem Gesteinsbrocken kurz auf. Mein tollkühner „Taxifahrer" hielt kurz an, schaute flüchtig zur Gabel, um unbeirrt weiter zu fahren. Obwohl ich vollkommen dehydriert war, bekam ich Schweißausbrüche. Selbst meine Hose wurde feucht. Das hatte wohl weniger mit Schweißabsonderungen zu tun.

Mein Hut flog weg. „Stop, stop", schrie ich. Der Italiener hielt an. Bloß runter von der Höllenmaschine! Der Verlust meiner Kopfbedeckung war für mich das göttliche Zeichen um „time to say good-bye" zu sagen. „I think it's better for me when I walk", signalisierte ich ihm mit einer Prise anerkennender Gestik. „Okay!" „Mille, mille grazie!" Ich drückte ihm dankbar die Hand und wollte ihm noch Geld anbieten, was er strikt ablehnte. In einer halben Stunde wäre ich in Montagna, deutete er an.

Er brauste davon. Kreidebleich ließ ich mich auf einen Felsen sacken. Obwohl mir die Fahrt stark zugesetzt hatte, konnte ich meinen Quälgeist nicht abschütteln. Ich hatte „Brand" ohne Ende und wäre imstande gewesen zwei Liter Meerwasser zu saufen.

Der Durst war, so absurd es klingt, meine geheime Kraftquelle. Es war die letzte „Waffe" gegen mich selbst. Ich schüttelte mich kurz und raffte mich auf. Aber ich war platt, quälte mich nur noch über den felsigen Wegabschnitt, der abschüssig nach Montagna führte. Wie lange konnte sich mein Kopf als Herrscher über meinen Körper noch durchsetzen? Meine Schritte wurden immer langsamer. Mein Blick war starr. Ich war nicht mehr aufnahmefähig für Reize von außen, fühlte mich all meiner Sinne beraubt. In trunkener Benommenheit taumelte ich weiter abwärts. Schon über eine halbe Stunde lang. Die Zeitangabe vom Motorradfahrer konnte nicht stimmen. Irgendwann fehlt der Glaube, überhaupt noch auf eine Ortschaft zu stoßen.

Endlich, nach fast einer Stunde stieß ich auf das erste Haus. Es schien unbewohnt zu sein. Ich torkelte weiter. Kurze Zeit später näherte ich mich einem Anwesen, an dem rege gewerkelt wurde. Vater und Sohn waren gerade mit Fundamentarbeiten beschäftigt. „Acqua?!?", lallte ich ihnen entgegen. „Si." Mit einer freundlichen Gebärde wies der Junge auf die Wasserstelle im Garten. Im Sauseschritt bewegte ich mich dorthin. Hastig befüllte ich meine Flasche, setzte gierig an und trank unaufhaltsam. *„Wenn man Durst hat, dann gebe man nur wenig auf einmal, man lösche den Durst schluckweise und vertilge nicht ganze Liter"*, empfiehlt *Sebastian Kneipp*. Von dieser Regel wollte ich im Moment nichts wissen. Große Mengen, ganz viel von dem köstlichen Nass wollte ich spüren. Zügellos trinken, die ganz natürliche Reaktion meines Körpers auf den immensen Flüssigkeitsverlust, den ich auf der Wegstrecke erlitten hatte, war logisch. Zum zweiten Mal füllte ich die Wasserflasche und trank ohne abzusetzen mit hemmungsloser Begierde. Erst nach der dritten Wassergabe hatte ich genug. Eineinhalb Liter sollten fürs Erste genügen. Ich bedankte mich bei meinen Wasserspendern und zog weiter.

Nach einer Viertelstunde erreichte ich endlich den Weiler Montagna und meine Unterkunft Alla Battuta. Die idyllisch gelegene Pension machte einen einladenden Eindruck. Wie froh war ich, hier sein zu dürfen. Die Einkehr war Erlösung und Belohnung zugleich. Bevor ich mein Zimmer bezog, bat ich die nette Pensionswirtin um ein kühles Bier. Ein Tag ohne Bier ist halt so unvollendet wie ein Tag ohne Wein! In einer von Bäumen umstandenen Laube genoss ich jeden Schluck mit Wonne und auch in Dankbarkeit. Ich schaute in die schweigende Bergwelt des Apennins. Die Gedanken kreisten. Wie schön ist es doch, ein Bett zu haben, satt zu werden, gesund zu sein! Was für die meisten von uns als Selbstverständlichkeit erachtet wird, dürfte anderen auf dieser Welt die Tränen der Begehrlichkeit in die Augen treiben.

Meine Gastgeberin führte mich in mein Zimmer. Es war schlichtweg eine Wucht. Für einen Pilger wie mich ein Luxusgemach. Der Anblick löste bei mir ungetrübte Freude aus.

Der freudigen Wahrnehmung folgte eine ausgiebige Dusche. Lange ließ ich die warmen Wasserstrahlen auf mein Haupt und meinen Körper einwirken. Anschließend war ich wieder fast ganz der Alte. Die Tortur der vergangenen Stunden war zwar noch allgegenwärtig, wurde aber rigoros in die Abteilung „geistige Endverarbeitung" beordert.

Gegen 20 Uhr war das Abendessen zubereitet. Im großen Aufenthaltsraum traf ich Lars, einen jungen Polizisten aus Duisburg. Wir waren die einzigen Pilger, die hier verweilten. Er war mit seinem Pinscher unterwegs. Entnervt erzählte er mir von seinem Irrlauf hinter dem geschlossenen Restaurant am Viamaggio-Pass. Das konnte ich gut nachvollziehen, denn an dieser Stelle hatte ich ebenfalls Orientierungsprobleme. Nur mit einer gehörigen Portion Glück und den freundlichen Hinweisen von Einheimischen erreichte er unter großen Schwierigkeiten sein heutiges Ziel.

Das Pilgermenü wurde aufgetischt. Es war reichhaltig und gut: Spaghetti, Fleisch, Brot, Obst, Wein und Wasser. Es ließ keine Wünsche offen. Angeregt tauschten wir uns aus, doch irgendwann machte sich die Bettreife bemerkbar.

Der Weg hatte mich heute ausgesogen, alle meine Kräfte gefordert. Aber er hat mir viel zurückgegeben: fabelhafte Eindrücke und imposante Erlebnisse, die ich nie vergessen werde. Erst als ich im Bett lag, wurde mir dieser anstrengende, entbehrungsreiche, einzigartige Tag voll bewusst.

Ich wollte an jedem Tag meiner Wanderung nach dem Wunder des Tages Ausschau halten. Heute hatte ich es erlebt.

Mein Luxuszimmer in der Pension Alla Battuta, La Montagna

5
Der flüsternde Wasserfall
Montagna – Sansepolcro, 14 Km am 6. Mai

Erste zarte Sonnenstrahlen weckten mich recht früh aus meinem komaartigen Schlaf. Nach der Morgendusche war ich nicht nur hellwach, sondern auch quicklebendig.

Zusammen mit Lars frühstückte ich fürstlich in dem schönen Anwesen. Von unserer Gastgeberin wurden wir mit den flüchtigen Schleifspuren eines Wangenkusses verabschiedet.

Manchmal bedarf es keine Worte, um wie selbstverständlich zusammen zu starten. Wohl ein Ergebnis unserer gegenseitigen Sympathie. Der Pinscher gab den Takt an. Man merkte, dass er seine Freiheit liebte. Das war nicht immer so. Der Hund – so erzählte Lars – hatte schwere Zeiten hinter sich. In seiner Heimat Ungarn wurde er von seinem Halter brutal gequält. Zwei verkapselte Geschosse zeugen noch heute von den Misshandlungen. Nur gut, dass er in die Hände von Lars geraten war. Er kümmerte sich geradezu fürsorglich um seinen Vierbeiner.

Der Weg kurz hinter Montagna

Der teilweise stark ansteigende Weg führte durch bewaldete Abschnitte. Die Vöglein trällerten um die Wette und ein Bach, der von uns durchstiefelt werde musste, plätscherte murmelnd vor sich hin. Alsbald gelangten wir auf einen Wiesenrücken, der einen herrlichen Blick in die Tiefebene von Sansepolcro gestattete.

Nach einer Fotopause trennten sich unsere Wege. Zielstrebig lief ich weiter. Wenig später erreichte ich das Kloster Montecasale. Es wurde bewacht. Von Franziskus höchstpersönlich. Auf einem Felsvorsprung thronend, hütet seine Statue die alten Gemäuer. Eine Zeit lang stand ich verträumt an dieser Stelle und richtete meine Blicke auf die Klosteranlage. Wenn man sie zum ersten Mal sieht, wirkt sie eher unscheinbar, dezent, unaufdringlich. Bei näherer Betrachtung sieht sie reizend, geheimnisvoll, magisch anziehend aus. Für die Besichtigung hatte ich mir ausgiebig Zeit reserviert.

Einst als Kastell erbaut, wurde es Franziskus als umgestaltetes Hospital im Jahre 1213 geschenkt. Montecasale war für die neue Art der franziskanischen Lebensweise geradezu geeignet: Es gab den Bewohnern die Möglichkeit zur inneren Sammlung und zum Apostolat mitten unter den Kranken. Wie oft Franziskus in Montecasale Station machte, ist nicht genau überliefert. Sein letzter Aufenthalt datierte von Ende September 1224, nachdem er, vom La Verna kommend, die Wundmale Christi empfangen hatte. Einige sonderbare Ereignisse sollen sich zu jener Zeit zugetragen haben.

Einst kamen zwei junge Männer und baten Franziskus um Aufnahme in den Orden. Franziskus wollte sie auf die Probe stellen, ob sie wirklich gehorsam und bereit seien, den eigenen Willen zu verleugnen. Er führte sie in den Garten und verlangte, alles genau so zu machen, wie er es ihnen vormachte. Franziskus pflanzte eine Kohlpflanze mit den Blättern in die Erde, sodass sie mit der Wurzel in den Himmel ragte. Der eine machte es ihm exakt nach. Der andere machte Franziskus auf den Fehler aufmerksam und pflanzte den Kohl umgekehrt – so, wie es sich gehört – mit der Wurzel nach unten ein. Franziskus sagte zu ihm: „Bruder, ich sehe, dass du ein großer Meister bist, geh deinen Weg, denn für meinen Orden bist du nicht geeignet.“ Während der eine junge Mann aufgenommen wurde, wurde der andere abgewiesen.

Eine weitere Geschichte ist mit dem Kloster untrennbar verbunden: Den Überlieferungen nach versetzten drei berüchtigte Räuber damals die Gegend in Angst und Schrecken. Eines Tages klopften sie an die Klosterpforte und verlangten vom Bruderoberen Angelo, er möge ihnen zu essen geben. Er lehnte die Forderung barsch ab und verwies auf die vielen Missetaten des Trios. Wutentbrannt zogen sie ab. Als Franziskus mit einigen Gefährten von einem Bettelgang heimkehrte, erfuhr er von dem Vorfall. Er tadelte das Verhalten seines Oberen, er sei grausam gewesen und hätte die Sünder mit Sanftmut und nicht mit Härte behandeln müssen. Er befahl ihm, sich mit Brot und Wein aus den Almosen auf den Weg zu machen, um die Räuber aufzuspüren. Dann solle er ihnen in seinem Namen die Gaben überreichen und sie bitten, vom Bösen abzulassen. Wenn sie sich bessern würden, würde er künftig für deren leibliches Wohl sorgen.

Während sich Bruder Angelo auf den Weg machte, vertiefte sich Franziskus in Gebete und bat Gott die Herzen der Räuber zu erweichen und sie zu bekehren. So wie alle Menschen waren auch Räuber für ihn Geschöpfe Gottes, die mit gleicher Barmherzigkeit und Respekt bedacht wurden. Bekanntlich ließen die Räuber von ihren Untaten ab und baten sogar um Aufnahme in den Orden, was ihnen auch gewährt wurde. Sie führten fortan ein vorbildliches Leben und sollen in Montecasale gestorben sein.

Etwas unterhalb der Franziskus-Statue, in der Nähe der Einfahrt zum Kloster, füllte ich an einer Quelle meine Wasserflasche auf. „Hallo“. Eine freundliche Stimme begrüßte mich. Ich drehte mich um. Plötzlich standen Silvia und Kurt, ein Pilgerpaar aus Salzburg, hinter mir. Die beiden hatte ich in der Pension von Pieve Santo Stefano kennengelernt. „Ich dachte, wir sehen uns in Montagna“, steckte ich Kurt zu. „Das dachten wir auch, aber der Weg war zu strapaziös“, entgegnete er bedauernd. Silvia war den enormen Anstrengungen der Tagesetappe nicht gewachsen. Ausgelaugt und erschöpft kapitulierte sie auf der kargen Ebene der Alpe della Luna. Endstation Wiese! Etwa zehn Kilometer vom Weiler Montagna entfernt. Eingekuschelt im warmen Schlafsack verbrachten sie die unruhige Nacht ungeschützt unter freiem Himmel.

Während die beiden noch auf einer Mauer Platz nahmen, bewegte ich mich zur Pforte der Einsiedelei.

Über eine Treppe gelangt man direkt in die kleine Kirche. Sie ist schmucklos, strahlt typisch franziskanischen Stil aus. Der Blick wird automatisch auf die bemalte Holzstatue der Mutter Gottes mit dem Kind gelenkt. Franziskus soll sie höchstpersönlich im Jahr 1213 aus den Ruinen der Festung hierher gebracht haben.

Altar mit bemalter Holzstatue der Muttergottes

Der Chor mit seinen bescheidenen Ausmaßen wird von einem beachtenswerten Gemälde dominiert. Es zeigt Jesus, den Auferstandenen, wie er den vor ihm knieenden Franziskus aus seiner Seitenwunde Blut trinken lässt. Die Darstellung gilt als Krönung franziskanischer Spiritualität. Als abgeleitete Interpretation schöpft Franziskus aus dem Herzen das Herzensblut Jesu und verinnerlicht die Werte seines Vorbildes wie kein anderer Mensch auf dieser Welt. Vom Chor aus führt eine kleine Tür in den Bereich der alten Zellen der Einsiedelei. Dieser Teil zeigt hinsichtlich der Zellenanordnung eine auffällige Verwandtschaft mit dem Kloster San Damiano in Assisi. In der ersten Zelle wohnte der Ordensgeneral Bonaventura. Die nächste karge Kammer wurde vom Heiligen Antonius von Padua belegt, der das raue Klima auf dem La Verna nicht ertragen konnte und über die Einsiedelei Cerbaiolo nach Montecasale kam.

Wenn man in die Kirche zurückkehrt, öffnet sich rechts von der Ausgangstür ein schmaler, in den Fels gehauener Durchgang, der zum Herzen der Klosteranlage, dem Oratorium des Heiligen Franziskus, führt. Zu Zeiten des Heiligen war die Stelle, nur mit Zweigen geschützt, noch unter freiem Himmel. Erst später wurde dort eine einfache Kapelle errichtet.

Im Hintergrund: Eingang zum Oratorim, rechts in der Nische: die Pièta

Eine Zeit lang hatte ich mich hier zum stillen Gebet zurückgezogen. Fast unscheinbar schält sich auf der rechten Wand zum Oratorium eine bäuerliche Pièta aus einer Nische. Sie soll aus dem 14. Jahrhundert stammen. Möglicherweise fühlte sich Michelangelo, der unweit von Montecasale, in Caprese, das Licht der Welt erblickte, von der Kloster-Pièta so inspiriert, dass er später seine berühmte Pièta für den Petersdom in Rom schuf.

Ein zarter Hauch von Friede liegt auf der großzügigen Außenterrasse der historischen Stätte. Von ihr gewinnt man einen einzigartigen Blick auf den Berg mit den drei Kreuzen, das Afra-Tal und das sich im Tibertal ausbreitende Sansepolcro. Leger sitzt ein Ordensbruder in seitlicher Stellung mit angewinkeltem Bein auf der Mauer und „versperrt" einem die Sicht. Er ist nicht aus Fleisch und Blut, so wie wir. Sein Meister hat ihm ewiges Schweigen verordnet. Es handelt sich um eine lebensgroße Stein-Figur des Poverello (kleiner Armer), so wie Franziskus oft genannt wird. Der Gesichtsausdruck kann nicht lügen: Mit selbstzufriedener Miene blickt er aus einer Premiumlage in seine Welt und beobachtet alles, was um ihn geschieht, aufmerksam.

Lohnenswert ist auch ein von der Klostermauer abwärts gerichteter Blick. Terrassenförmig angelegte Gärten zeugen davon, dass die Brüder der Konventsgemeinschaft – seit 1531 sind dies die Kapuziner – Selbstversorger sind. Von der Sonne verwöhnt, wachsen in fruchtbarer Hanglage allerlei Gemüsearten, Weintrauben und Obstbäume. Hühner, Enten und Tauben vervollständigen den Eindruck einer heilen Symbiose zwischen Mensch und Tier. Es hat den Anschein, als ob die wenigen hier lebenden, überaus freundlichen Kapuziner in diesem von Gott gesegneten Fleckchen alle Voraussetzungen besitzen, um nach ihren Ordensregeln den Geist der Armut, das Gebet und die Nächstenliebe zu pflegen.

Wer pilgerfreundliche Gastfreundschaft erleben möchte, kann in einem schlichten Gästehaus mit 30 Betten unterkommen.

Fotos auf der nächsten Seite:
Oben: Statue von Franziskus auf der Klosterterrasse
Unten: Kreuzgang mit Innenhof und Zisterne
Fotos auf der übernächsten Seite:
Oben: Tafel „Garten von Franziskus"
Mitte links: Eingang Kloster Montecasale, rechts: hintere Kloster-Ansicht
Unten links: Franziskus-Statue vor dem Kloster, rechts: Glockenturm des Klosters

ORTO
DI
FRANCESCO

Ein Besuch von Montecasale wäre unvollständig, wenn man nicht den unterhalb des Klosters gelegenen Wasserfall Sasso Spicco aufsuchen würde. Er liegt tief unten im Wald. Rechts an den Gärten vorbei führt ein extrem abschüssiger Weg dorthin. Schon von weitem hört man das leichte Rauschen des Spisciolo-Baches.

Die finalen 60 Meter bis zum Wasserfall sind atemberaubend. Ein gigantisches Gewölbe aus Felsen überspannt den Zugang. Wo, wenn nicht hier, spürt man die führende und schützende Hand, die größer ist als wir selbst. Der liebe Gott musste einen guten Tag erwischt haben, als er die Choreografie für diese Stelle übernahm.

Sasso Spicco: Felsengewölbe und Wasserfall

Franziskus begab sich oft zum Sasso Spicco. In der Abgeschiedenheit der Felsen konnte er tagelang ungestört beten und meditieren.

Auch mir war danach zumute. Ich setzte mich an den Rand des Felsplateaus, starrte auf das Naturschauspiel und gestattete meiner Seele sich in dieser hinreißenden Umgebung zu offenbaren. Befreit von der eigenen Schwere entließ ich meine Gedanken in die Vollkommenheit der gegenwärtigen Zauberwelt. So, als wenn mir unsichtbare Hände einen Tropf angelegt hätten, schien frischer Lebenssaft besitzergreifend tief in mich einzudringen und mein Gemüt zu erfüllen. Flüsternd sang das herunterprasselnde Wasser sein sanftes Lied. Dieser Wasserfall ist nicht irgendein Wasserfall. Er ist der hauseigene Wasserfall im Gottesgarten des Heiligen Franziskus. In der Obhut des schutzbietenden Felsendaches zweifellos eines der schönsten Naturdenkmäler, das ich je gesehen habe.

Das Rauschen des Wassersturzes, das Gezwitscher der Vögel, die leichte Brise, die friedliche Stille, nirgendwo sonst findet man unterwegs bessere Ressourcen, um spirituell einzukehren. Genau hier muss Gott den Menschen die Erinnerung an das verlorene Paradies hinterlassen haben.

Meine Hände vor dem Wasserfall

Silvia und Kurt schlossen zu mir auf. Auch sie waren von der einzigartigen Natur-Kulisse überwältigt. Kurt war kaum zu halten. Ständig suchte er nach passenden Motiven für seine Fotosammlung. Der passionierte Hobbyfotograf führte seinen Zeigefinger unentwegt zum Auslöser und drückte ab. Nach einer Weile ließen mich die beiden wieder in meiner friedlichen Idylle zurück.

Zum Aufbruch musste ich mich selbst überreden. Sehr steil führte der teils matschige Weg entlang des rauschenden Baches abwärts. Ich musste höllisch aufpassen, um nicht auszurutschen. Wieder einmal bewährten sich meine Trekkingstöcke. Nach zwei Kilometern erreichte ich eine Straße und bog talauswärts links ein. An beiden Seiten erstreckten sich bewirtschaftete Felder und Wiesen.

Was haben Planierraupen auf Äckern zu suchen? Dass Felder mit Treckern gepflügt werden, gilt als zeitgenössisch. Weniger bekannt ist der Einsatz von Kettenmaschinen. Offenbar eine toskanische Eigenart. Beharrlich zog eine kleine Planierraupe mit einer anhängenden rotierenden Fräse auf einem Acker ihre Bahnen. Dabei schien sie gründlich den Boden umzukrempeln. Spontan entlockte ich meiner poetischen Ader einen passenden Reim: Wer schuftet brav und wacker? Es ist die Raupe auf dem Acker!

Ein Novum am Rande des Weges: die Acker-Raupe

Nach etwa einem Kilometer Asphalt stand ich vor einer Entscheidung: entweder weiter auf der Straße entlang nach Sansepolcro zu laufen oder den Weg über die Berge zu nehmen. Wie fast immer wählte ich den schwierigeren – weitaus schöneren – Pfad über die Berge. Beiläufig bemerkte ich an einer Kehre einen umgefallenen, zerstückelten Baum. Ich ging weiter, immer weiter, mitunter steil aufwärts in die meines Erachtens falsche Richtung. Langsam, aber sicher gingen bei mir die ersten Alarmsirenen an.

Wie aus dem Nichts kamen mir Kurt und Silvia entgegen. „Wir müssen umdrehen“, war sich Kurt sicher. „Das ist ein Irrweg!“ Also zurück! Nach einem Kilometer erreichten wir wieder die Kehre mit dem zerstückelten Baum. Misstrauisch beäugte Kurt das Kleinholz, bis er auf einer Baumscheibe ein Wegzeichen entdeckte. Das war des Rätsels Lösung: Der Baum war umgefallen, versperrte den Weg, wurde zerstückelt und das Wegzeichen war futsch!

Vorbei ging es an einem langgezogenen, hoch eingezäunten Privatgelände. Unerwünscht begleiteten uns aggressive, laut kläffende Wachhunde eine Zeitlang. Kurt und Silvia blieben zurück.

Endlich! Nach einem intensiven Marsch durch unwegsames Gelände kamen die ersten Häuser von Sansepolcro zum Vorschein. Zügig erreichte ich den Marktplatz der kleinen Renaissancestadt.

Marktplatz von Sansepolcro

Mein Ziel war die Foresteria Convento dei Servi di Maria. In dem Kloster wollte ich mich mit Manuel treffen. Einmal fragen reichte. Links die Kirche, rechts die ehrwürdigen Klostergemäuer mit der geschlossenen Pforte. Vom Einlass trennte mich nur noch ein kurzer Druck auf die Schelle. Eine Dame öffnete die schwere Holztür und zeigte mir den Schlafraum mit vier Etagenbetten. Alle Betten waren noch frei. Natürlich schnappte ich mir das best gelegene.

Duschen. Frischmachen. Danach Wäsche waschen. Ein Stück Pilgeralltag. Verschwitzte Klamotten reinigen sich nicht von selbst, sondern brauchen regelmäßig ein wenig Zuwendung. Duftspuren sollen gefälligst andere hinterlassen! Ergo hieß mein Spätnachmittags-Programm: motiviertes Waschen mit Rei aus der Tube, Wäschestücke auswringen, nach dem Trocknen wieder abnehmen und zusammenfalten. Mit Verlaub, es gibt schönere Arbeiten!

Inzwischen war ich nicht mehr allein. Den Raum teilte ich nun mit Martin aus Würzburg und Jan aus Holland.

Mich zog es zum Bummeln in die Stadt mit ihren mittelalterlichen Wurzeln. Im 10. Jahrhundert von zwei Pilgern auf der Rückkehr von einer Wallfahrt ins Heilige Land gegründet, ist sie Heimat berühmter Söhne wie dem Maler Raffaellino del Colle, dem Mathematiker Luca Pacioli sowie vor allem dem Künstler Piero della Francesca. Werke des Malers sind im Museo Civico zu besichtigen. Touristen und Stadtväter freuen sich gleichermaßen über so viel Prominenz in den historischen Mauern.

Es machte „kling“! Auf meinem Handy war eine Nachricht via WhatsApp eingetroffen. Manuel ließ mich wissen, dass er nicht kommen würde. Auf der gestrigen Etappe von Pieve Santo Stefano nach Valico di Viamaggio trank er, von quälendem Durst getrieben, verseuchtes Wasser aus einem vermeintlich sauberen Bach. Schon kurz danach musste er sich übergeben. Zudem stellte sich hohes Fieber ein. Er sah sich gezwungen, seine Wanderung abzubrechen und nach Verona zurückzureisen. Armer Manuel! Nur allzu gut konnte ich seine Not nachvollziehen. Im Grunde genommen war es mir auf der Etappe nicht anders ergangen. Glücklicherweise war ich stark genug, mich der Versuchung, Risikowasser zu trinken, zu widersetzen. C`est la vie!

Von ausgewachsenem Hunger erfasst, kehrte ich in eine Pizzeria ein. Kurze Zeit später gesellten sich Martin und Jan dazu. Bei Speis und Trank konnten wir uns kennenlernen und austauschen.

Gemeinsam gingen wir zum Kloster zurück. Noch ein kurzer Plausch, die Besonderheiten der nächsten Etappe einstudiert, das Tagebuch vervollständigt. Mein Ego sank langsam, aber sicher in die wohlverdiente Müdigkeit ab. Der Job war gemacht, die Arbeit getan. Na, dann gute Nacht!

6
Allein gegen den Lärm
Sansepolcro – Burgne, 20 Km am 7. Mai

Die mittelalterlichen Klostergemäuer spendierten mir eine perfekte Nacht. Meistens sorgen die Unbequemlichkeiten eines Schlafsaals für das Gegenteil. Oft klappern die Bettgestelle, wenn man sich bewegt, und nicht selten hängen die Matratzen durch. Das maximale Miteinander und die Summe der unkontrollierbaren Geräuschkompositionen bürgen aus eigener leidvoller Erfahrung häufig für unruhige Nächte. Wohl dem, der in Unterbesetzung zu dritt in einem Schlafsaal nächtigen darf. Martin und Jan waren absolut angenehme Schlaf-Kumpane!

Nach einem hervorragenden Morgengold-Frühstück mit so allem Drum und Dran machte ich mich wieder auf den Weg. Ein Tagesziel hatte ich mir nicht gesetzt.

Oft zahlt es sich aus, dem Tag die Chance zu geben, ihn nicht kaputt zu planen. Man wird lockerer. Sowohl im Geist als auch in den Beinen. Man geht entspannter und ist trotzdem gespannt auf das, was der Tag so alles liefert und wo auch immer am langen Ende die Matratze auf einen wartet.

Ich passierte das alte Stadttor und ging – so wie in meinem Wanderführer beschrieben – geradeaus in Richtung Autostrada.

Wer im wahrsten Sinne des Wortes Tiefgang sucht, kann auch eine Alternativstrecke mit Tiber-Durchwatung wählen. Die Variante führt von der Altstadt aus über die Via Angelo Scarpetti und die Via Banchetti zu einer Autobahnbrücke. Diese wird unterquert, man läuft links entlang des Weges zum Tiber, durchwatet ihn an einer Stelle in Höhe von Gricignano, um wieder auf den Franziskusweg zu stoßen. Wie mir ein Pilger schilderte, war es für ihn ein prickelndes Erlebnis durch das kniehohe Flusswasser zu waten.

Straßenlärm. Abgase. Autoschlangen. Teilweise keine Gehsteige. Pilgerfreundliche Trassen sehen anders aus. „Augen zu und durch", wäre die logische Konsequenz gewesen. Einerseits richtig, aber wörtlich genommen, doch eher eine schlechte Idee. Erhöhte Aufmerksamkeit, Stehvermögen und Gottvertrauen halfen, die Herausforderung zu meistern. Die vorbeirauschenden LKWs waren lästig und nervig zugleich. Nachdem ich die Autobahnunterführung passiert hatte, wurde es mitunter riskant. Die Straßenbauer hatten den Weiterbau des Gehsteiges wohl schlicht vergessen. Kann ja mal vorkommen! Allerdings gefährdet vorsätzliche Vergesslichkeit unnötig das Leben vieler Passanten. Was mögen sich die Verantwortlichen bloß dabei gedacht haben? Vielleicht sollen Fußgänger nach Auffassung italienischer Verkehrsplaner proaktiv am Straßenverkehr teilnehmen. Unter Umständen eine Art von erzieherischer Maßnahme: immer schön in Bewegung bleiben, dabei höllisch aufpassen, Zickzackkurs zwischen Grassoden und Straßenrand nehmen, sich standfest zeigen gegenüber der Sogwirkung der Trucks. Bloß nicht stolpern! Man könnte es auch Spießrutenlauf nennen.

Wenigstens die Tiberbrücke hatte ein Einsehen. Sie stellte ihren „Straßenkämpfern" einen sicheren Fußgängerweg zur Verfügung. Danach schloss sich ein unattraktives Gewerbegebiet an.

Endlich! Ein Wegschild befreite mich aus meiner misslichen Lage. Mit Erleichterung bog ich links in eine kleine Straße Richtung Citerna ein. Zu meiner Rechten lagen nun die Werksanlagen von Buitoni, einem der wichtigsten italienischen Nudelproduzenten.

Das ersehntes Wegschild

Bei dem Weiler Mancino überquerte ich die unsichtbare umbrische Grenze. Dem flüchtigen Reisenden erscheint es zunächst als eine Fortsetzung der Toskana. Und doch unterscheidet sich Umbrien. Es fehlt das Meer, etwa die Hälfte der Fläche besteht aus Gebirgsland, tiefe Täler und hohe Hügel sind charakteristisch für die bevölkerungsarme Region.

Was haben der große Goethe, der im 18. Jahrhundert auf dem Weg nach Rom Umbrien bereiste, und der kleine Weseler Pellegrino gemeinsam? Eigentlich nichts! Bis auf die unteilbare Bewunderung, dass dieser Landstrich mit einer berauschenden Fülle von landschaftlicher Schönheit ausgestattet ist. Berühmt sind die umbrischen Bergstädte: Ungemein malerisch nisten sie auf hohen Hügelkuppen und steilen Bergabhängen, scheinen fast kristallinisch aus dem Boden hervorzubrechen.

Das friedliche Tal, das ich durchschritt, war angenehm unaufgeregt. Tiefgrüne Wiesen und fruchtbare Felder, Gärten, die sich wie ein farbiges Tuch bewegten. Im Hintergrund flimmerten die von der Sonne angestrahlten Hügel, als wenn sie von einer spielenden Hand dirigiert wurden. Bella Italia!

Eine geeignete Kulisse, um zu picknicken. Kurz vor der Ortschaft Citerna schnürte ich meinen Rucksack auf und ließ es mir richtig gut schmecken.

Der Aufstieg nach Citerna fordert die Physis. Und fördert die Schweißproduktion. Am Ende steht die Belohnung. Schon am Anfang des mittelalterlichen Städtchens steht die wunderbare Klosteranlage der Benediktinerinnen, die leider nicht zugänglich war. Wenig später offenbarte ein prächtig blühender Judasbaum seine unwiderstehliche Anziehungskraft. Seine rosaroten Blüten funkelten wie ein Diadem mit hingebender Grazie.

Der blühende Judasbaum

Einst von den Etruskern gegründet, zählt das 3.500-Seelen-Dorf Citerna zu den schönsten Dörfern Italiens. Sehenswert sind nicht nur die Anlagen der Burgruine, sondern auch die Kirchen San Francesco und San Michele Arcangelo. Das Betreten der Burganlage belohnt mit einem spektakulären Blick in die Weite des Tibertales bis hin nach Sansepolcro.

Umbrien, weites Land

Durch die von hübschen Steinhäusern umstandenen Altstadtgassen gelangte ich zu einem gut gelegenen Restaurant mit einer generösen Terrasse. Dort lernte ich flüchtig Inge und Matthias aus Lindau am Bodensee kennen. Während sich die beiden in den Restaurantbereich absetzten, besorgte ich mir an der Theke ein Eis und eine Flasche Wasser. Behaglich lümmelte ich mich in einen Stuhl und atmete die Stimmung mit ihrem zarten Duft von Freiheit und Pathos. Ich beobachtete die Leute. Einige unterhielten sich, andere aßen genüsslich, manche lasen entspannt. Mehr denn je wurde an dieser Stelle das typische Dolce Vita, das süße Leben, spürbar.

Nach einer Weile machte ich mich wieder auf den Weg. Nachdem ich den Ort verlassen hatte, eskortierten mich rundum sanft wellige Hügellandschaften. Ein Rückblick ermöglicht eine herrliche Fernsicht auf Citerna und in südwestlicher Richtung auf die Silhouette von Monterchi. Nach etwa drei Kilometern überquerte ich eine größere Straße. Nun stand dem Aufstieg nach Burgne nichts mehr entgegen. Wirklich nicht? Naja, es war steil. Um die Steigung zu nehmen, mussten noch die physischen Assistenten mobilisiert werden: Gestatten, mein Name ist Kraft! Meine Erfüllungsgehilfen sind Muskeln, Arme und Beine, mein Gebieter heißt Willensstärke. Ohne uns geht es nicht. Wir sind sprudelnde Quellen und die haltbietenden Korsettstangen dieser Reise.

Überall grünte und blühte die Landschaft, schier unerschöpflich spross die Kraft des Lebens daraus. Eine Wildwiese mit herrlich aufblühenden Kamillen zog die Gunst meiner Blicke auf sich. Bei den fleißigen Bienen schien die Heilpflanze beliebt zu sein. Vom typischen Duft angezogen, sammeln sie aus den körbchenförmigen Blütenständen Pollen, um sie in einem Akt von treuer Ergebenheit ihrer Königin zu schenken. Ihr geselliges Miteinander konnten sie in den zahlreichen aufgestellten Bienenstöcken ausleben. Sehr zum Wohl des Imkers.

Beständig ging es weiter bergauf. Kinderwagentauglich war der Weg nicht. Schnaufend erreichte ich eine Esskastanienplantage. Sie haben in Italien eine lange Kultur. Die Maronen zeichnen sich durch einen intensiveren und süßeren Geschmack gegenüber anderen Anbaugebieten aus. Gerne hätte ich eine Kostprobe davon genommen, doch weder die Zeit noch die Früchte waren reif dafür. Als Relikte einer guten Vorjahresernte zeugten die zahlreichen, auf dem Gelände verstreuten stacheligen Fruchtbecher.

In idyllischer Alleinlage kündigte sich der Agriturismo Burgne an. Ein überaus schönes Anwesen. Hier war für mich Boxenstopp.

Mit dem Tempo eines Hochgeschwindigkeitszuges kam laut kläffend ein Schäferhund auf mich zugerannt. War es eine Bedrohung oder nur eine Begrüßungsgeste? In der ersten Schrecksekunde vermochte ich es nicht zu deuten. Vor lauter Respekt blieb ich stehen. Mit dem Schwanz wedelnd umkreiste mich das Tier. Ein gutes Zeichen? Dann ein Pfiff, ein Schrei! Der Hund gehorchte, drehte um und lief zurück zu seinem Herrchen. Der Mann kam auf mich zu und begrüßte mich freundlich. Ich dachte zuerst, Fred Astaire, der legendäre Tänzer, Sänger und Schauspieler stünde leibhaftig vor mir. Die Ähnlichkeit war erstaunlich! Tatsächlich handelte es sich um den Hotelchef. Der Hund wolle nur mit mir spielen, signalisierte er mir. Klaro. Eine allgemeine Floskel. Mehr nicht. Wenn schon schlechte Manieren, dann hätte er seinem Zögling wenigstens Achtung vor schreckhaften Pilgern beibringen sollen.

Hübsches Schild im Eingangsbereich des Hotels

„Fred Astaire“ führte mich in das aus dem 19. Jahrhundert stammende originalgetreu restaurierte Gebäude. An der Rezeption begrüßte mich seine Frau und überreichte mir den Zimmerschlüssel. Mein Zimmer lag im Dachgeschoss. Auf dem Weg dorthin machte ich gleich Bekanntschaft mit einem Dachbalken. Eine Beule zierte fortan meine Schädelplatte.

Die piekfeinen Außenanlagen mit einem grandiosen Panoramablick auf das Tibertal reizen zum genussvollen Verweilen. Noch mehr beflügelte mich der gepflegte, blau schimmernde Swimmingpool. Nach einem anstrengenden Wandertag sind entspannende Bewegungen in dem erquickenden Nass eine echte Belohnung. Dankbar zog ich meine Bahnen und beendete nach einer Weile das erfrischende Bad. Wie Tarzan klopfte ich mir beim Ausstieg aus dem Becken auf den Thorax, verzichtete mit Rücksicht auf anwesende Personen aber auf den gellenden Urwaldschrei.

Mit großer Freude entdeckte ich auf einer Bank altbekannte Gesichter. Ich besorgte mir ein Bier und gesellte mich zu ihnen: Inge und Matthias aus Lindau, Silvia und Kurt aus Salzburg, Greg aus Idaho/USA, Melanie aus Südtirol – alles interessante Menschen. Greg, ein ehemaliger Manager aus der Ölindustrie, Typus Weltenbummler, gefiel sich in seiner Rolle als Alleinunterhalter und erzählte uns in Hochform unterhaltsame Anekdoten von seinen Reiseerlebnissen. Auf dem Franziskusweg war er nur mit kleinem Gepäck unterwegs. Klamotten waschen war nicht sein Ding. Wenn sie verschmutzt waren, kaufte er sich neue Kleidung. Eigentlich kein typisches Pilgergebaren, für den Ballast freilich extrem effizient.

Beim Abendessen saßen wir alle einträchtig an einer großen Tafel im gediegenen Restaurant beisammen. Die Küche bot beste regionale Zutaten, um uns mit einer Auswahl umbrischer Spezialitäten zu bezaubern. Dabei waren die Minestrone und die Wurstplatte eine kulinarische Gaumenfreude. Einige regionale Rotweingaben rundeten das Festessen ab.

Bis Mitternacht saß ich zusammen mit Melanie, Silvia und Kurt im Kaminraum. Oft erlebt und irgendwie typisch: Je später der Abend, desto mehr öffnet man sich und plaudert aus dem Nähkästchen. Melanie offenbarte ihren besonderen Hang zum Abenteuerurlaub. Als Rucksack-Touristin bereiste sie nicht nur Tibet, sondern auch andere entlegene Winkel dieser Welt. Dessen ungeachtet lag der Masseurin ihre Heimat sehr am Herzen. Wie gut ich sie verstehen konnte! Die einmalige Bergwelt in Südtirol wissen die Zünfte der Bergfreaks und Skifahrer sehr zu schätzen. Sie ist mit nichts zu vergleichen. Wer dort wohnt, will nie mehr weg.

Doch, nun wollte ich weg. Ich war rechtschaffen müde. Gebeugt, mit eingezogenem Kopf, stieg ich die Treppe hinauf. Gewiss lag der tückische Dachbalken wieder auf der Lauer, um mich zu malträtieren.

7
Das Herz aus Stein
Burgne – Città di Castello, 14 Km am 8. Mai

Pflücke den Tag. Gehe behutsam mit ihm um. Schließlich soll er ja mein Tag sein. Ich kann ihn gestalten. 24 Stunden lang. Zeit genug, ihn zu einem wertvollen Tag werden zu lassen. Drum lass ihn nicht schon in den Morgenstunden verwelken.“ Was so anregend poetisch klingt, giert danach verwirklicht zu werden. Der Morgen gleicht einer verschlossenen Tür. Um den Tag einzulassen, muss man lediglich den Schlüssel umdrehen und sie öffnen. Mit ein wenig Glück durchflutet die Kraft der Morgensonne das Innere und begründet eine tiefe Daseinsfreude.

Wenn du schlecht geschlafen hast, dann ist das mit dem „Schlüssel umdrehen“ nicht so einfach. Die Schlabbermatratze war dran schuld. In Kombination mit dem schwammigen Bettgestell hing ich durch wie in einer ausgeleierten Hängematte. Böses Bett!

Es war noch früh. Der Swimmingpool schien die Lösung zu sein. Er sollte es richten, musste mir meine Müdigkeit ausspülen. Der Tag durfte nicht schon morgens verwelken.

„Pack die Badehose ein“, heißt es so schön. Getreu dem Motto schwang ich mich mit „angezogener Handbremse“ in die blauschimmernden Fluten. Bei herrlichem Sonnenschein zog ich meine ausgedehnten Runden. Die Morgensonne brannte mir die Müdigkeit aus dem Leib, die Kühle des Wassers vitalisierte mich. Wasser ist ein famoses Element. Schwerelos, nahezu schwebend glitt mein Körper in ihm, wie von einer unsichtbaren Hand getragen.

Pause. Ich legte meine Arme auf den Beckenrand und betrachtete das Glitzern der Wassertropfen, die von meinem Arm abperlten. Im Widerschein des Lichts leuchteten sie wie funkelnde Edelsteine. Im Hintergrund verneigten sich die zarten Sonnenstrahlen vor der umbrischen Tiefebene. Alle Horizonte wirkten durchsichtig, so, als seien sie in Glas gehaucht.

Auf einmal blühte dieser Tag!

Lotussitz: Der Inbegriff von Anmut

Ich stieg aus dem Pool und ging zur Duschkabine. Beim Verlassen entdeckte ich Melanie. Das Gesicht der aufgehenden Sonne zugewandt, meditierte sie in perfekter Pose im Lotussitz am Beckenrand. In Verbindung mit den auf die Beine gelegten Händen verriet ihre Haltung die hohe Kunst der Meditation. Der Schatten spiegelte unverhohlen ihren grazilen Körper wider. Der Anblick war für mich ein Inbegriff von Sinnlichkeit und Anmut. Aurora, die Göttin der Morgenröte, war bestimmt stolz auf ihr südtiroler Sonnenkind.

Mit geschultertem Rucksack verließ ich mein Zimmer, verfluchte zum letzten Mal den unfreundlichen Dachbalken und stieg die Treppenstufen hinab. Im Restaurant erwartete mich ein formidables Frühstück. Es beinhaltete überwiegend selbst hergestellte Produkte wie Honig, Feigenmarmelade, Joghurt und Eier von eigenen Hühnern. Hier zählte „Klasse statt Masse". Qualität wurde groß geschrieben. In bewährter Gesellschaft von Melanie, Silvia und Kurt probierte ich mich nach dem Motto „Weniger ist mehr" durch die Köstlichkeiten des Büffets. Zu viel Ballast im Bauch wäre eher hinderlich gewesen. Schließlich wollte ich im Anschluss noch einige geschmeidige Kilometer laufen.

Elanvoll marschierte ich um 10 Uhr los. Die Wärme der Sonnenstrahlen brachte mich sofort auf Betriebstemperatur. Wandern ist eine wunderbare Art der Fortbewegung!

Vorbei am kleinen Weiler Celle gelangte ich zu einem Bauernhof mit einer nicht alltäglichen Viehpopulation. Eine Herde Wasserbüffel beäugte mich beiläufig, um sich anschließend gelangweilt weiter im Morast zu suhlen. Ihre kalziumhaltige Milch ist bei Feinschmeckern sehr beliebt. Aus ihr wird der begehrte Mozzarella gewonnen. Im Unterschied zu Kuhmozarella schmeckt Büffelmozzarella feiner, aromatischer, besitzt einen unverwechselbaren Eigengeschmack. Billig ist Büffelmozzarella hingegen nicht. Der Preis versteht sich vor dem Hintergrund der Ergiebigkeit: Kühe geben doppelt so viel Milch wie Büffel.

Eine Herde Wasserbüffel am Weg

Die nächste Begegnung ließ nicht lange auf sich warten. Es war eher eine der makabren Art. Auffallend thronte ein gut erhaltener Wildschweinschädel auf einem Stein. Aus welchen Gründen auch immer, für einen Schwarzkittel endete an dieser Stelle der Weg.

Die weitere Wegführung erlaubte eine wunderschöne Sicht in die Tiefebene und den Wellenschlag der benachbarten Bergwelt. Die Flora gab alles. Wilde Orchideen, blühender Ginster, dazu der sattblaue Himmel. Eine schier unglaubliche Farbfülle. Es schien, als hätte die Natur ihre eigenen Aquarelle in die Landschaft gemalt.

Ich musste an meine demenzkranke Mutter denken. Es ging nicht mehr. Meine Schwester und ich brachten sie letzte Woche in ein Altenheim. Ein sehr schmerzvoller, bedrückender Akt für uns. Abgetaucht in ihre Finsternis lebt sie dort in ihrer eigenen öden Welt. Ein Sein im Nichts, ein Dahinsiechen im Abseits. Ein Leben ohne

Inhalt. Nur die Leere bleibt. Trotz guter ärztlicher Betreuung und liebevoller Pflege. Ich bildete mir ein, über meinen inneren Sender gedanklich Kontakt mit ihr aufnehmen zu können, sie an der wunderschönen Landschaft teilhaben zu lassen. Egal, ob ich sie durch die Fernwirkung von Telepathie erreicht habe oder nicht, in meinem Herzen wanderte sie ohnehin mit.

An einem kleinen Bauernhof, wo glückliche Hühner von einem nicht minder glücklichen Hahn beaufsichtigt wurden, stieß ich auf Inge, Matthias, Silvia und Kurt. Die beiden Ehepaare entspannten sich an einem Brunnen. Nach einem kurzen Plausch setzte ich meine Reise fort. Mit gedrosselter Laufgeschwindigkeit begleitete mich Inge eine Zeit lang. Fast entschuldigend merkte sie an, dass ihr lange Wanderstrecken zu schaffen machen und Matthias und sie anstrengende Etappen häufig mit dem Bus zurücklegen würden.

Privatbesitz: Franziskus und der Wolf von Gubbio

Vor einem abseits gelegenen Wohnhaus blieben wir stehen. Ein großer Stein mit einem Monument stach uns ins Auge. Er machte mich neugierig. Wir betraten das Privatgelände. Die Konturen wurden deutlicher. Ein Kleriker mit einem Kreuz in der Hand. War es Franziskus? Ja, zweifellos, es war Franziskus mit dem Wolf von Gubbio! Während die Gestalt von Franziskus Natürlichkeit ausstrahlte, wirkte der Wolf in seinen Proportionen gedrungen, mitunter brav, niedlich, eher wie ein überdimensionierter Schoßhund. Gerade deswegen war das Kunstwerk für mich ein Hingucker.

Da Inge auf Matthias warten wollte, machte sie mich indirekt wieder zum Sololäufer.

Wer ein Herz aus Stein hat, gilt als kalt, ablehnend, gefühllos, unnahbar. Menschen, die ein steinernes Herz besitzen, sind meistens einsam, können an nichts Anteil nehmen. Am besten, man

trennt sich davon, wirft es einfach weg! 8 x 8 Zentimeter. So groß war es. Das Herz aus Stein, das am Wegesrand lag! Flach, in Millionen Jahren von der Erosion gestaltet, von Wasser, Wind, Sandkörnern in seine endgültige Form gegossen, wartete es auf seinen Entdecker. Wer hatte es wohl verloren? War es der Prototyp eines Hartherzigen? Hatte er symbolisch sein Herz am Wegesrand abgelegt, um ein besserer Mensch zu werden? Oder handelte es sich um die Finte einer holden Pellegrina, die auf diese Weise ihren Prinzen ködern wollte? Wie dem auch sei, für mich hatte der Herzstein eine eigene Bedeutung. Er war für mich mehr als ein Souvenir. Ich hatte das Gefühl einen Schatz gehoben zu haben. Es war, als wenn mir der Weg einen Teil von sich selbst gegeben hätte, sein Herz an mich verschenken wollte. Glücklich trug ich mein Fundstück fortan in meiner Hosentasche.

Über eine Brücke erreichte ich am späten Nachmittag die am linksseitigen Tiberufer gelegene Kleinstadt Città di Castello. Sie wird von einem mächtigen mittelalterlichen Mauergürtel umspannt.

Vorbei an der Kathedrale orientierte ich mich ins Stadtzentrum. Ein Zimmer im kleinen Hotel Umbria wurde für eine Nacht mein neues Zuhause. Strategisch bot die Bleibe eine gute Ausgangslage für einen Stadtbummel und die Fortsetzung der Wanderung.

Geduscht. Frischgemacht. Auf geht's! Auf zur munteren Erkundungstour! Irgendwie entsprechen alle Städte dem gleichen Strickmuster: Ein Fluss zerteilt die Stadtviertel, belebte Plätze bilden den Mittelpunkt, Springbrunnen verzieren sie, Museen locken Touristen an, mittelalterliche Kirchen lösen Bewunderung aus, Geschäfte sorgen für Kauflust, Restaurants verwöhnen die Esslustigen. Und doch sind alle Städte einzigartig, zeugen vom Glanz und Reichtum vergangener Zeiten, spiegeln die prachtvolle geografische Vielfalt unserer Kontinente wider.

Auch Città di Castello ist einzigartig, bietet viel Sehenswertes für die Fotolinse: zum Beispiel die städtische Pinakothek mit Meisterwerken von Raffael oder die Chiesa di San Domenico, die in ihrem Inneren den Schrein der Heiligen Margherita beherbergt.

In einer Gasse traf ich Silvia und Kurt wieder. Obwohl Augen nicht sprechen können, sendeten sie gegenseitig eine übereinstimmende Botschaft aus: gut und ausgiebig essen! Am liebsten ein Festessen. Und ruhig sollte es sein. Preiswert natürlich auch! Am besten gleich um die Ecke. Na ja, ein wenig mussten wir uns schon noch auf die Suche begeben. Die Speisekarte einer Osteria schien ein Volltreffer für unsere Vorgaben zu sein. Die gartenähnliche Terrasse bot ein ideales Ambiente für einen schönen Abend.

Wir speisten opulent. Bei schummerigem Licht floss der Wein in seinen Lieblingsfarben rot und weiß in Strömen. Wer weiß, wie der Abend geendet hätte, wenn wir nicht gegen 23 Uhr die Reißleine gezogen hätten und aufgebrochen wären.

Während das Steinherz – auf dem Nachttisch liegend – über mich wachte, pochte mein eigenes Herz wie ein frisch geöltes Uhrwerk in mir. In der Obhut eines Doppelherzens, ein wunderbares Gefühl, sich der Nacht anzuvertrauen.

8
Vier kleine Pilgerlein
Città di Castello – Pietralunga, 31 Km am 9. Mai

Wenn es darauf ankommt, dann bin ich gut drauf! Eine kräfteraubende Etappe mit mindestens 800 Höhenmetern stand heute auf meiner Agenda.

Sechs Stunden Tiefschlaf reichten. Sie versetzten meinen Körper in einen optimalen Laufmodus. Nach dem guten Frühstück drückte ich um Punkt 8 Uhr den Startknopf. Allerdings war das gelbe Tau, das beliebte Wegzeichen, offensichtlich mit einer Tarnkappe unterwegs. Vielleicht hatte ich auch „Knöpfe" auf den Augen. Womöglich hatte ich meine Konzentration gar im Hotel liegen gelassen.

Erst am Busbahnhof fand ich endlich in die richtige Spur. Entlang einer belebten Straße bog ich nach etwa einem Kilometer rechts in eine markierte Abzweigung ein. Ich passierte den riesigen Friedhof von Città di Castello und orientierte mich wiederum nach rechts. Der Feldweg führte durch einen herrlichen hügligen Feld- und Wiesenabschnitt. Die gelben Blüten der Ginstersträucher säumten die Randbereiche, einige Zypressen ragten wie gut gesetzte Ausrufezeichen senkrecht aus den Hügeln. Das Wetter war perfekt. Die Sonne trieb die Skala der Quecksilbersäule auf angenehme 25 Grad. Dass sich meine Lauflaune einem ersten Höhepunkt näherte, soll nicht unerwähnt bleiben. Meine Stimmung war überragend, Laufen ist und bleibt die Schokolade meines Lebens.

Verstreute Häuser mengten sich in die Gegend ein. Eine asphaltierte Straße deutete den direkten Weg nach Pietralunga an. Nach Asphalt war mir nicht zumute. Wenn immer möglich, wollte ich den Naturwegen den Vorrang geben. Eine kaum markierte Nebenroute durch die bewaldeten Berge reizte mich. Sie sollte nach Candeggio führen. „Diese Variante erfordert einen guten Orientierungssinn", mahnte mein Wanderführer. Davon war ich überzeugt, obschon unwägbare Überraschungen stets dazugehören. Sie sind das „Salz in der Suppe", der Ansporn, es extrem gut zu machen.

Steil, sehr steil schlängelte sich der Pfad bergauf. Markierungen? Fehlanzeige! Kilometerlang keine Menschenseele. Dafür Natur pur. In ein zartgrünes Kleid gehüllt und mit bunten Farbtupfern geschminkt präsentierte sie sich in bezaubernder Schönheit.

Bezaubernde Schönheit am Weg: Mohnblumen und wilde Alpenveilchen

Gefühlte 400 Höhenmeter hatte ich inzwischen bewältigt. Ein zerfallenes Gehöft sorgte für Abwechslung. Klagend ragten seine Ruinenmauern in den Himmel. Das eingestürzte Dach und die wuchernden Pflanzen ließen bessere Zeiten erahnen.

Ich ging den Weg. Immer weiter – und stets bergauf. Eine Kurve nach der anderen. Kein Ende in Sicht! Kein Hinweisschild! Irgendwie entstand bei mir das Gefühl: Ich wurde vom Weg gegangen. Was machen? Ultreya, unbeirrt weiterlaufen! Mein Orientierungssinn gab mir Flankenschutz. Trotz Zweifel, die Richtung musste stimmen. Nach einer Stunde Ungewissheit kam die Bestätigung. Eine Tafel zeigte Candeggio an. Der von mir ausgestoßene Seufzer der Erleichterung war bestimmt noch in Assisi hörbar.

Die Strecke wurde nun zunehmend flacher, was meine hart geforderten Beine mit Wohlwollen quittierten. Der Saumpfad behauptete sich im Wechselspiel zwischen Kargheit und pflanzlicher

Vielfalt. Nach gut einer Stunde vermutete ich den Weiler Campo zu passieren. Ein Ortsschild war nicht auszumachen. Fragen konnte ich niemanden. Die Anwohner hatten sich wohl unisono in ihren Häusern verschanzt.

Die leblose Siedlung nicht weiter beachtend, zog ich weiter. Erneut lockte ein traurig dreinschauendes, verlassenes Anwesen meine Neugier. Augenscheinlich waren die früheren Bewohner Selbstversorger. Der halb verfallene Steinofen im Hofbereich zeugte von längst vergangenen Backfreuden. Wie viele Brote und Pizzen mit wunderbar crossbrauner Kruste mögen wohl im Laufe seiner Existenz aus seinem Inneren entsprungen sein?

Ich setzte mich auf einen Stein, den Backofen im Visier. Mir war danach ihn anzufeuern. Für Experimente war ich immer zu haben. Doch leider fehlte mir das Zündmaterial.

Das Baguette, das ich mir in Città gekauft hatte, stammte aus einer anderen Produktion. Manchmal hilft ja die blanke Fantasie. Beim Verzehr stellte ich mir vor, es sei in der alten Röhre hergestellt worden. Irgendwie schmeckte es jetzt noch besser.

Vor Candeggio: Ein Backofen, der von besseren Zeiten träumt

Endlich! Das ersehnte und hart erkämpfte Zwischenziel Candeggio öffnete sein „Eingangstor“ für mich. Wiederum war ich mir nicht ganz sicher. Man kann ja mal fragen! Diesmal waren Stimmen zu orten. Mehrere Kinder spielten in einer Anlage hinter der Pilgerherberge des Pfarrhauses. Einige Erwachsene, die an einem Gartentisch speisten, ließen sie gewähren. Das Gartentor war geschlossen. Mit einem lauten „Scusi“ machte ich mich bemerkbar. Ein jüngerer Mann kam auf mich zu und öffnete das Tor. Ja, der Ort sei Candeggio, bekundete er in gutem Englisch. Von der von mir in Betracht gezogenen, sich anschließenden Nebenstrecke über San Martino riet er ab. „Der Weg ist schlecht markiert“, meinte er, man könne sich leicht verlaufen. Auf Irrungen und Wirrungen hatte ich keinen Bock mehr. Die Wegstrecke hatte bereits mächtig an meinen Kräften gezehrt. Außerdem war erst Halbzeit.

Mit „Ciao“ verabschiedete ich mich vom freundlichen Italiener. Man trifft sich im Leben immer zweimal. Manchmal auch dreimal. Oder viermal, oder …? An einer Raststelle, wo der Weg wieder auf die ursprüngliche Straße nach Pietralunga trifft, empfingen mich Silvia und Kurt mit einem fröhlichen „Hallo“. Sie hatten es sich an der Wasserstelle gemütlich gemacht.

Nach kurzem Geplauder zog ich weiter.

„On the road again“, endlich wieder Asphalt unter den Füßen! Ganz so euphorisch, wie die Worte klingen, war es freilich nicht. Indes grünte und blühte der Straßenbelag. Zumindest direkt an seinen Rändern. Die Vegetation gedieh unter erschwerten Umständen, trieb ihre Wurzeln an diversen Stellen tief in den bröseligen Teer. Zuweilen schien es, als wolle sie ihre selbst gestalteten Blumenbeete malerisch in die schwarze Teerdecke implantieren, sie nachhaltig verschönern. Einmal mehr wird deutlich, die Kreativität der Natur ist unermesslich, ihre Kraft unlimitiert, aber wenn sie will, zeigt sie uns Menschen auch schon mal ihre launischen Krallen.

Tempomat auf 5,5 km/h mit Trommelschritt eingestellt, wanderte ich kilometerweit in der Obhut von herrlich blühenden Wiesen und den in der Ferne liegenden umbrischen Bergen.

Auf einer Weide beäugten einige Schafe den vorbeiziehenden Pilger aus Wesel. Aus welcher filtrierten Daseinsebene mochten sie mich wohl wahrgenommen haben? Mit Kennerblick versuchte ich das hochkomplexe Denkgerüst der Tiersprache zu entschlüsseln.

Gras kauend meinte wohl in der Übersetzung eines der Wolltiere: „Wir weiden hier in aller Ruhe auf saftig grünen Wiesen, fressen uns jeden Tag den Bauch voll und schauen grinsend auf jene verrückten Pilger, mit den dicken Rucksäcken auf ihren schmerzenden Buckeln, den unzähligen Blasen an den wundgelaufenen Füßen und in die tiefen Furchen ihrer gezeichneten Gesichter." Manchmal möchte man doch glatt ein Schaf sein!

Am Rande einer Wiese erhebt sich die wie verlassen daliegende Basilika Pieve de´ Saddi. Es handelt sich um einen Gebäudekomplex, bestehend aus Kirche, Herberge und Pfarrhaus.

Die Holzbank vor der Kirche erklärte ich vorübergehend zur privaten Wohnzimmercouch. Direkt daneben bot ein Wasserhahn sein erfrischendes, kristallklares Wasser in Spendierlaune an. Wie von selbst schnürte sich mein Rucksack auf und wie von selbst entblößte ich meine strapazierten Füße, ließ sie an der warmen Sonne teilhaben. Trefflich meint *Sebastian Kneipp* dazu: *„Die Füße müssen von dem Schuhwerk, den Fußfoltern so oft wie möglich befreit werden, denn das härteste Los in allen Stürmen des Lebens trifft neben dem Gesicht die Füße"*. Recht hat er. Nur schade, dass er nicht 700 Jahre früher geboren wurde, der Pfarrer wäre mit seinen Kenntnissen über Kräuter und das klassische Naturheilverfahren die ideale Ergänzung der franziskanischen Kultur gewesen.

Basilika und Gebäude von Pieve de´ Saddi

„Signore?“ Der Zuruf, der von oben kommen musste, galt wohl mir. Ich richtete meine Blicke aufwärts. Eine Frau, die sich aus dem Fenster lehnte, sprach mich an. Ich verstand kein Wort und bat sie mit einem Wink, zu mir zu kommen. Keine zwanzig Sekunden später stand sie, die Herbergsmutter, vor mir. Sie redete und redete – und ich, ich schaute sie fragend an. Offensichtlich meinte sie, ich sei Italiener. Dabei sehe ich nicht unbedingt südländisch aus. Mit „Scusi“, unterbrach ich sie. Ich richtete den Finger auf mich: „Tedesco, Deutscher.“ „Si, si!“ Sie hatte es begriffen. Von nun an regierten Mimik, Gestik und verbale Verrenkungen. Die Signora führte mich in die Räumlichkeiten der Herberge. Mit zusammengepressten Lippen deutete ich ihr, dass ich hier nicht übernachten wolle. Sie verstand, drückte auf meinen Wunsch netterweise noch den schönen Stempel in meinen Pilgerpass.

Anschließend zeigte sie mir die dreischiffige frühchristliche Kirche. Auf den Resten eines ehemaligen heidnischen Tempels errichtet, überzeugt sie den Besucher mit ihrer schnörkellosen Schlichtheit. Durch massive Säulen gestützt, mündet das Gebäude im rückwärtigen Bereich in eine halbrunde Apsis. Ein Flachrelief zeugt vom Kampf des heiligen Crescenziano mit einem Drachen.

Eine Zeitlang kniete ich nieder, vertiefte mich in besinnliche Gebete, gedachte einer todkranken Freundin, meiner schwerkranken Cousine und meiner armen Mutter. Verzagt spürte ich die Stille, die mich sanft ergriff. Meine Blicke wanderten umher, fixierten sich, einten sich im alten Gestein. In selten erlebter Harmonie verschmolzen sich das Licht, die Stille und der Stein miteinander. Jedes dieser Elemente durchdringt, formt und weilt im Wesen des anderen. Unentwegt gaben die Wände den Gesang, die Stimmen wieder, die sie durch Jahrhunderte hindurch aufgesogen haben.

Es fiel mir schwer, mich aufzuraffen. Mit einem Händedruck verabschiedete ich mich von der netten Signora und machte mich wieder auf den Weg. Bis Pietralunga waren es noch zwölf Kilometer.

Ein Novum, zum ersten Mal überholte mich – höflich grüßend – ein Pilger, wobei „Überholen“ eine gelinde Bezeichnung für ein Vorbeigehen mit einer höheren Geschwindigkeit war! Der dunkelhaarige Sportpilger betrachtete den Cammino wohl als eine Art von Trainingseinheit und raste mit dem Tempo eines Sportwagens aus Zuffenhausen – vermutlich Modell 911 – an mir vorbei. „Einige Pilger rennen halt wie die Hasen, wenn sie an dir vorüber rasen“, sinnierte ich in poetischer Weise.

Nach etwa drei Kilometern gab die reizvolle Pension Il Pioppo einen „Suchauftrag“ nach einer seriösen Pilgererscheinung auf. Ich überlegte kurz, gab ihr aber einen Korb. Mein Ziel hieß Pietralunga und davon wollte ich mich trotz aller Anwerbeversuche nicht abbringen lassen.

So schön er war, dieser Weg, so wohltuend einsam sich die Straße dahinzog, die langgezogenen, zermürbenden Steigungen gingen zunehmend an meine Reserven. Der dauerhafte Aderlass von Kraft zeigte seine Wirkung. Mein Energiezentrum meldete sich und signalisierte mir behutsam: Grenzsituation, bitte bald den Notstromgenerator einschalten! Zum Glück erreichte ich kurz darauf die Anhöhe von Candeleto. Wenig später gab der Weg einen ersten Blick auf das auf einem Hügel gelegene Städtchen Pietralunga frei. Doch zunächst musste ich noch den Abstieg ins Carpinella-Tal und den anschließenden Aufstieg in die antike Ortschaft meistern.

Bevor ich das zentrumsnahe Hotel Tinca anpeilte, besserte ich noch in einem Supermarkt die Marschverpflegung auf. Es war stets ein gutes Gefühl, genügend Mini-Vorräte im Rucksack zu wissen.

Die Hotelgaststätte war randvoll gefüllt, als ich eintrat. „Scusi, camera?“, rief ich dem vollbeschäftigten Mann hinter der Theke zu. Er schüttelte den Kopf. „Non camera, al completo! Voll belegt!“ Ich wollte es nicht begreifen. Ein erneuter Versuch: „nessuna possibilitá? Keine Chance?“ Ein abweisendes „no“ folgte. Das an diesem Wochenende stattfindende Motorradtreffen verhagelte mir ein freies Zimmer. Dumm gelaufen. Jetzt wurde es schwierig.

Enttäuscht verließ ich das Hotel, schnappte mir meinen Wanderführer und schaute mir genau die gelisteten Unterkünfte an. „Auch der freundliche Pfarrer Don Salvatore bietet eine spartanische Übernachtungsmöglichkeit“, stand dort geschrieben. Warum nicht? Als wahrer Pilger reduziert man sich ohnehin auf ein Minimum, auch bei der Auswahl der Schlafstätten. Essen, Trinken, ein Dach über den Kopf, alles andere war unwichtig! Die Kirche sollte mir, dem Gestrandeten, helfen! Auf zum Pfarrer! Vorbei am Wahrzeichen der Stadt, dem Langobardenturm, erreichte ich die zentrale Piazza und die Kirche Santa Maria. Die Pfarrei befand sich auf der Rückseite des Gebäudes. Der Pilger, der mich mit seinem Turboantrieb kurz hinter Pieve de` Saddi im Sauseschritt überholte, hatte auf einer Treppenstufe Platz genommen. In gutem Englisch erklärte er mir, dass der Pfarrer erst in einer halben Stunde eintreffen würde. Simone stammte aus Padua.

Wie schon gesagt, Pilger auf dem Cammino sind eine große Familie. Irgendwo trifft man sich immer wieder. Sei es in den Unterkünften oder unterwegs auf dem Weg. Jan und kurze Zeit später auch Martin, die ich in Sansepolcro kennengelernt hatte, gesellten sich erfreut zu uns. Nun waren wir zu viert.

„Vier kleine Pilgerlein, die standen vor dem Tor, dann fuhr der barmherzige Pfarrer vor und ließ sie alle rein.“

Don Salvatore stieg aus seinem Fiat, sah uns prüfend an und bat uns ihm zu folgen. Gegen einen Obolus von zehn Euro konnten wir bei ihm übernachten. Die Pilgerpässe verzierte er mit seinem wunderschönen Stempel und seiner Signatur. Den Schlüssel in der Hand haltend, führte er uns zum Gästehaus hinter dem Pfarrgarten. Nach einigen kurzen Instruktionen zog er sich zurück und überließ uns den einfachen, aber sauberen Raum mit vier doppelstöckigen Bettgestellen. Jeder von uns nahm ein unteres Bett in Beschlag. War halt bequemer für den Fall, dass sich nachts die Blase bemerkbar machen sollte.

„Buon giorno“, tönte es von rechts. Ich stand draußen an der Wasserstelle und hatte gerade „große Wäsche“. Welch eine Überraschung! Mit gefüllten Einkaufstüten in der Hand standen plötzlich Claudia, Tochter Anna und der Collie neben mir. Seit Pieve Santo Stefano hatten wir uns nicht mehr gesehen. Die Freude über das Wiedersehen war allenthalben groß. Fußkrank war das Trio ja keineswegs. Trotzdem hätte ich den Eidgenossinnen das Hiersein nicht zugetraut. Wie war der schnelle „Ritt“ möglich? „Wir sind eine Etappe mit dem Bus gefahren“, lautete die schlüssige Antwort. Eine durchaus sinnvolle Alternative, um vorwärts zu kommen.

Die drei zogen weiter. Es sollte unsere letzte Begegnung sein.

Spätabends: der Langobardenturm, links die Pfarrkirche Santa Maria

Grundsatz 1 lautet: Vertraue den Kennern. Simone war unser Guide als wir uns auf die Suche nach einem gastfreundlichen Restaurant aufmachten. Er hatte ein gutes „Näschen". Grundsatz 2 lautet: Wo Einheimische einkehren, schmeckt's am besten. Die Pizzeria in der Nähe vom Langobardenturm war proppenvoll. Einige Gäste verließen soeben einen großen Tisch. Glück gehabt! Wir setzten uns. Eine Signora räumte den Tisch ab. Die Speisekarte erschien aufgeräumt, übersichtlich halt. Grundsatz 3 lautet: Wenn du in einer echten Pizzeria bist, bestelle auch eine. Simone, Jan und Martin hielten sich daran. Für mich sollten eine paar Vitamine dabei sein. Ich orderte einen Insalata mista und Spaghetti Bolognese. Nach einer angemessenen Wartezeit bahnten sich Riesenportionen den Weg auf unseren Tisch. Unsere Mienen spiegelten sich in der Bewertung wider: Pizza? Eccellente! Insalata mista? Bella! Spaghetti Bolognese? Perfetto! Wir waren hochzufrieden.

Was ist schöner, als den ereignisreichen, anstrengenden Tag mit einer kulinarischen Belohnung ausklingen zu lassen? Mille grazie!

T

9
Der mit dem Weg tanzt
Pietralunga – Gubbio, 27 Km am 10. Mai

Langgezogene abschüssige Wege mag ich anfangs am liebsten. Die aus Pietralunga heraus führende Via Roma kam meiner morgendlichen Trägheit sehr entgegen. Der kleine Bach im Talboden bedeutete die Wende. Drei, vier Schritte durchs Bachbett gestakst, und schon ging's wieder aufwärts.

Martin leistete mir eine Weile Gesellschaft. Das Wandern sei nicht seine bevorzugte Fortbewegungsart, verriet mir der Würzburger. Vielmehr reizten ihn anspruchsvolle Touren auf dem Rennrad. Die Hochalpenpässe Stilfser Joch, Col de la Bonette, schwierige Etappen der Tour de France, es gab fast nichts, was seine Leidenschaft bremsen konnte. Als Franziskus-Bewunderer war es ihm allerdings eine Ehre, sich per pedes auf seine Spuren zu begeben.

Martin wollte verschnaufen. Mir war nicht danach. Ich ging weiter. Der Karrenweg, der nach San Benedetto Vecchio hinaufführt, belohnt mit einem atemberaubenden Rückblick auf Pietralunga.

Aus der Ferne: schöner Blick auf Pietralunga

Es war sonnig, um die 23 Grad am frühen Morgen. Der Weg, die Berge, die Landschaft – eine anmutende Kulisse. Irgendwie hatte ich musikalische Aktivitäten gefrühstückt. Ich zog meinen MP3-Player aus der Hosentasche. Gleich beim ersten Lied *„Power of Love"* schmolz ich wie eine Schneeflocke, die sich vom eiskalten Himmel fallend in warme Luftschichten verzehrt, dahin. Es war ein Schlüssellied im richtigen Moment und an der richtigen Stelle. Die Kraft der Liebe, ja, sie lag in der Luft, flatterte wie ein Schmetterling um meine Nasenspitze. Die Liebe ist etwas unermesslich Schönes, eine tiefe Regung aus dem Innersten unseres Herzens. Derjenige, der sie besitzt oder empfängt, erstrahlt wie die Sonne im gleißenden Licht. Andere, die sie weder kennen noch erhalten, öffnen unbewusst den Kühlschrank, gehen in die Eiszeit, verkommen im Abgrund der Kälte.

All das, was uns im Leben beklemmt, wird oft durch Musik gelöst. *„Tunnel of Love"* von *Mark Knopfler* schloss sich an. Erneut wurde ich in eine Badewanne voller Spumante geschubst. Ich zog einen Ohrstöpsel heraus, um das Gezwitscher der Vögel einzumischen. Jetzt drang ein Mix von natürlichen und künstlichen Klängen in mein Gehör ein. Es war wie eine manifestierte Sinfonie der Freude. Meine Sinne, meine Gedanken schwebten, stimuliert von einer einzigartigen Hochmusik.

Nicht nur die Wüste, auch die Wiese lebt. Ein Prachtexemplar von Hase sonnte sich im Gras. Es schien, als wenn er mich zu sich bitten würde, meine Gesellschaft wünschte. Vorsichtig pirschte ich mich an ihn heran, dabei auf einen angemessenen Abstand achtend. Er blieb sitzen. Alles richtig gemacht! In der Obhut der von bunten Blumen durchtränkten Wiese und den aufmerksamen Blicken von Meister Lampe vervollständigte ich mein Tagebuch.

Ich zog weiter, pflückte im Vorbeigehen von einem Holunderstrauch noch schnell einen großen Blütenfächer. Mit tiefen Zügen atmete ich den hocharomatischen Duft ein. Er betörte mich. Ich schaltete wieder meinen MP3-Player ein. *„She owns the street"* von den *Raveonettes* grub sich in mein Gehör ein. Schlagartig taute ich auf, kam in Schwung. Dieser Song wirkte wie eine Tanzdroge. Ich drehte Pirouetten, schwang rhythmisch meine Trekkingstöcke und ließ meinen Körper in wogende Wellenbewegungen entgleiten. In einem Anflug von Ekstase tanzte ich, nein, rockte ich den Weg. Befreit von der Schwere des eigenen Körpers fühlte ich mich wie auf Wolke 7. Nichts, keiner störte die Vorführung. Ich war mit mir und meinen Gefühlen allein.

Das nächste Lied war eine Vermählung von Gesang und Gitarre. *„Brothers in arms"*, wieder von *Mark Knopfler*, dessen großer Fan ich seit vielen Jahren bin, war die Krönung der musikalischen Hitliste. Die magische Melodie, der Weg, die Natur, in unzertrennlicher Bruderschaft lagen wir uns für einen Moment in den Armen, verschmolzen uns zu einem Fest der Sinne. Wahrlich, Musik ist der Weg zum Herzen, eine Wärmeflasche für die Psyche und die Götterspeise für den Geist.

Auf dem Weg tanzen? War ich etwa verrückt? Mit Verlaub, meine Ausgelassenheit war Ausdruck meiner grenzenlosen Euphorie. Und da darf man auch schon mal ausflippen! Mir ging es gut. Wirklich! Momentan und auch im Allgemeinen. Die spannende Frage „Warum geht es mir eigentlich gut?" drängt sich geradezu auf. Die Antwort ist gar nicht so einfach wie man meint. Meistens antworten wir spontan, wenn uns jemand danach fragt. Ich grübelte. Ja, ich muss gesund und materiell abgesichert sein, darf keine existenziellen Sorgen haben. Dann geht es mir gut. Aber, kann es mir gut gehen, wenn es jemandem aus meiner Familie oder Freundeskreis schlecht geht? Was ist, wenn ich politische Strömungen oder gesellschaftliche Entwicklungen mit Sorge betrachte? Geht es mir dann gut? Ich bin davon überzeugt: Wenn mein Leben stimmig ist, ich mich von anderen angenommen fühle und selbst das Annehmen nicht verlernt habe, dann kann es mir gut gehen, wenn mir manches fehlt. Und ganz besonders gut geht es mir, wenn ich meinen Teil dazu beitragen kann, dass es anderen besser geht, sei es in persönlichen Beziehungen oder anderen Zusammenhängen.

Es raschelte sporadisch. Mit blitzschnellen Bewegungen verkrochen sich quietschfidele Eidechsen im Dickicht der Böschungen. Wie schön muss es sein, direkt am Franziskusweg zu wohnen!

Die stille Landschaft ergoss sich im strahlenden Sonnenlicht. Der laue Wind wirkte wie Atem. Weit und breit war kein Mensch zu sehen. So lief ich eine ganze Weile, in malerische Gedanken versunken. Spiritualität lag in der Wiege des Weges. Noch versagte sie sich mir. Warum bloß? Keine Antwort findend, wandte ich mich an die Natur und fragte sie, ob sie mir eine spirituelle Lehrstunde erteilen könne. Sie orakelte vielsagend: „Du weißt nicht so recht, was Spiritualität bedeutet? Du bist auf einer Reise und möchtest dich an den Urquellen meiner wohlgehüteten Geheimnisse laben? Gehe hin und rieche an meinen Blumen, umarme die Bäume, singe mit den Vögeln, rede mit dem Wind und reiche mir die Hand. Vereine diese Gedanken und tue wohl daran!" An Blumen riechen? Mit Vögeln singen? Bäume umarmen? Kam mir irgendwie bekannt vor. Hatte ich das nicht schon längst gemacht! Trotzdem, vielen Dank, liebe Natur, für diese hilfreiche Lektion! Jetzt weiß ich endlich, wie sich wahre Spiritualität anfühlt.

Brillante Flora: wilde Orchideen

Eine Raststelle vor der Dorfkirche in dem Örtchen Raggio verlockte mich zu einer Pause. Kaum ließ ich mich nieder, standen wie auf Kommando auch schon Silvia und Kurt neben mir. Kurze Zeit später komplettierten zwei junge Burschen aus Berlin, die mir bereits auf dem La Verna begegnet waren, die Pilgerrunde. Pragmatisch holte einer von ihnen seine Hängematte raus und befestigte sie zwischen zwei Bäumen. „Ich bin müde vom Wandern", verriet er mir, legte sich mit einer Stulle in die Hängematte und schlief wenig später ein. Na, dann gute Nacht, Signore! So kann er aussehen, der Pilgeralltag, erst schuften, um sich anschließend an geeigneter Stelle in einem Geflecht von Garnen wie in einem schutzbietenden Kokon zu schmiegen und zu entspannen.

Der Rastplatz glich einer Tribüne und ermöglichte eine überragende Sicht in den von unzähligen Säulenpappeln dominierten Talkessel. Diese „Postkarte" hinterlässt einen bleibenden Eindruck, verzauberte mich eine ganze Weile, bevor ich wieder startete.

Ein Bild zum Niederknien: Talkessel von Gubbio

Die Talebene zog sich wie ein durchgekautes Kaugummi. Eine ätzend lange Asphaltpiste führte durch Streusiedlungen entlang einer belebten Landstraße. Mehrere Brücken überspannten sie. Einige Judasbäume machten den Unterschied aus. Mit ihren rosaroten Blüten bildeten sie einen schönen farblichen Kontrast zur langweiligen grauen Teerdecke.

Die ersten Ausläufer von Gubbio kündigten sich an. Als Solitär in die schweigenden Hänge des Monte Ingino eingefasst, ist die eindrucksvolle Silhouette der Stadt schon von weitem sichtbar.

Gubbio, Italiens schönste mittelalterliche Stadt

Vorbei am Römischen Theater, einem gut erhaltenen Relikt aus der Römerzeit, bahnte ich mir den Weg zum Touristenbüro. Es kostete mich einige Mühe, bis ich die in der Nähe des Piazza Quaranta Martiri gelegene Informationsstelle ausfindig machen konnte. Das von mir favorisierte Kloster St. Antonio sei schon seit längerer Zeit geschlossen, meinte der nicht sonderlich motivierte Mitarbeiter. Und nun? Er überreichte mir einen Stadtplan und zeichnete darin drei Alternativen, u.a. die Kirche Sant'Agostino, ein. Ich entschied mich für die Kirche und machte mich mit dem Stadtplan in der Hand auf den Weg dorthin.

Durch verwinkelte Gassen hindurch erreichte ich die Stadtmauer und das nördliche Tor Porta St. Ubaldo. Der Gebäudekomplex von Sant'Agostino, bestehend aus der Kirche und dem angegliederten Kloster, lag gleich dahinter. Auf einer Stufe im großzügigen Innenhof saß ein Pilger, der seinen Rucksack neben sich abgelegt hatte. Es war Martin. Er grinste mich erfreut an. „Hallo Dietmar! Herzlich willkommen in Gubbio!" Worte, die guttaten, die ich als aufmunternd empfand. „Wir müssen uns noch eine Weile gedulden", meinte er, „das Pfarrbüro ist nicht besetzt und in der Kirche findet eine Kindermesse statt.“ „Mhm, hast du schon in die Sakristei geschaut?“ „Ja, da war ich auch schon, aber sie ist gottverlassen.“ Wir warteten. Und warteten. Meine Ungeduld ließ mir keine Ruhe. Ich brauchte Bewegung. Meine Neugier führte mich in einen abgedunkelten Raum neben der Sakristei. Dort war eine überdimensionale Krippe mit biblischen Szenen aufgebaut. Eine lohnenswerte Visite für jeden, der außergewöhnliche Miniaturversionen mag.

Gekreische auf dem Innenhof. Kinder stürmten aus der Messe und spielten auf dem Platz. Eltern beaufsichtigten sie. Mit einer schwarzen Kutte bekleidet, kam ein Priester aus der Sakristei. Es war Padre Giustino. Wir eilten zu ihm. Martin, der ein wenig italienisch konnte, sprach ihn an. Ja, es wäre noch ein Zimmer frei, allerdings gebe es nur kaltes Wasser. Als waschechte Pilger war uns das sowas von egal! „Ja, wir nehmen es gerne“, signalisierte er dem Pater.

Padre Giustino ging mit uns in ein Nebengebäude mit mehreren Gästezimmern und zeigte uns unser Gemach. Perfetto! Drei Einzelbetten, einfach, sauber, mit separatem Bad und Blick auf die Weinberge. Herz, was willst du mehr? Er gab uns den Schlüssel, knöpfte jedem von uns zehn Euro ab und verschwand.

Gut gelaunt verließen wir nach dem körperhygienischen Pflichtteil die Anlage und gingen in die 18-Uhr-Messe. Gleich an der Kirchenpforte war wieder Kollege Zufall mit im Spiel. Dort trafen wir Jan. Er hatte ebenfalls ein Zimmer im Kloster bekommen. Nach der Messe beschlossen wir, als Trio auf Erkundungstour zu gehen.

Der Stadtkern, von sich kreuzenden Gassen, sich windenden steilen Treppen durchzogen, die wiederum an kleinen Plätzen vorbei führen, bietet dem aufmerksamen Beobachter stets eine neue, unerwartete Ansicht. Die Bürgerhäuser stammen überwiegend aus dem Mittelalter und sind stark mit der baulichen Charakteristik dieser Zeit verhaftet. Erbaut wurden sie aus dem grauen Gestein der Umgebung oder mit klassischem Backstein.

In Gubbio hat das gute Essen eine lange Tradition. Die eugubinische Küche verwendet vorwiegend heimische Produkte. Auf fast allen Gerichten verbreitet der schwarze und weiße Trüffel, der im

Umfeld der Stadt weit verbreitet ist, sein unverwechselbares Aroma. Fast alle Restaurants bieten typisch eugubinische Spezialitäten – z.B. Friscó, pikantes Frikassee aus Lamm, Ente, Huhn und Kaninchen – auf ihren Speisekarten an.

Für tendenziell doch eher asketische Pilger, so wie wir es waren, standen kulinarische Delikatessen nicht zur Debatte. Ein deftiges Menü mit einer guten Flasche Rotwein, das sollte reichen. Bei aller Zurückhaltung, ein schönes Ambiente war uns wichtig. Das eine muss ja das andere nicht ausschließen. Wenn drei Meinungen aufeinanderstoßen, dann kann die Basis an Übereinstimmung schon mal auseinanderklaffen. Zwei, drei „Anwärter" fielen nach einer Kurzbesichtigung gnadenlos durchs Raster. Schließlich erwies sich ein unseren Idealvorstellungen entsprechendes Ristorante als Favorit. Wir kehrten ein und belegten einen Tisch im schlauchartigen, nicht überdachten Eingangsbereich. Aus der Tageskarte wählten wir unisono ein Steak mit Beilagen, dazu Wein und eine große Flasche Apennin-Mineralwasser.

In der Atmosphäre der alten Gemäuer zu speisen, aus deren Poren die Urluft Umbriens quoll, war die ultimative Belohnung eines grandiosen Tages. Genauso grandios wie Gubbio – eine Stadt mit dem Zeug zum Weitererzählen!

Pilgerstempel vom Kloster Sant'Agostino

10
Ein Tag in Gubbio, 11. Mai

Da, wo das Licht des Südens die schweigenden Hänge der Berge Ingino, Calvo und San Girolamo übermalt, liegt Italiens schönste mittelalterliche Stadt. Gubbio ist ein lebendiges Abbild der Geschichte, eine Keimzelle, in der schon in vorrömischer Zeit Samenkörner der menschlichen Kultur gepflanzt wurden, die in wunderbarer Weise gediehen. Die selbstbewusste Stadt erzählt in jedem ihrer Winkel wie auch auf allen Festen, in ihren Kirchen und Palästen ihre bewegte Geschichte. Die wertvollen historischen Denkmäler, die künstlerischen Zeugnisse sowie ihre Traditionen, insbesondere der weltberühmte Wachskerzenlauf (Corsa dei Ceri), verleihen der Stadt einen prägenden Charakter. Gubbio lebt und liebt seine Vergangenheit und zeigt sie mit Stolz seinen Besuchern.

Tief und fest hatte ich wie ein Murmeltier geschlafen. Die Klostergemäuer waren eine Oase der Ruhe, ein Garant für einen ungestörten Schlaf. Bis mittags wollte ich zusammen mit Martin einige Sehenswürdigkeiten besichtigen und dann weiterlaufen. So mein Plan. Es sollte anders kommen.

Warum ist ein gutes Frühstück für einen Pilger so wichtig? Ist doch logisch, weil Körper und Hirn nach dem Schlafen mit Nährstoffen versorgt werden müssen! Eine Bar an der Corso Garibaldi verwöhnte uns mit Sonnenschein, Schokohörnchen und leckeren Cappuccini. Cappuccini (Mz.), Cappuccino, Worte, die wie die Flüssigkeit selbst auf der Zunge zergehen. Die Herkunft des Begriffes „Cappuccino“ hat im Übrigen einen klerikalen Hintergrund. Er wird aus „Cappuccio, Kapuze“ abgeleitet, nach der Farbe der Kutte, die von Kapuzinermönchen getragen wird.

Unsere erste Visite galt dem Dom mit seiner eher schlichten Fassade. Über einen Treppenaufgang und durch das große gotische Portal wird der Innenraum der einschiffigen Kathedrale betreten. Er wird von einer Vielzahl von Spitzbogenarkaden dominiert, die in die wunderschöne, mit Fresken ausgeschmückte Apsis führen.

Die nahegelegenen Gärten des Herzogspalastes (Palazzo Ducale) waren unser nächstes Ziel. Die großzügige Terrasse eröffnet atemberaubende Blicke auf die Dächer der Stadt und den rückwärtigen Palast.

Mir war danach. Ich lud Martin zu einem weiteren Cappuccino ein. Vielleicht waren die aufsteigenden Kaffeedüfte für meinen Sinneswandel mitverantwortlich, vielleicht beeinflusste mich auch nur die inspirierende Kulisse. Jetzt und hier legte ich fest, meinen Gubbio-Aufenthalt auf einen vollen Tag auszudehnen.

Blick auf den Palazzo dei Consoli und die Dächer Gubbios

Ein ganzer Tag in Gubbio! Ohne Erlebnisplan in der Tasche. Insofern stellt sich die Frage: Was muss man und was kann man besichtigen? Das reichhaltige Angebot an Sehenswürdigkeiten zwingt zu einer gut durchdachten individuellen Auswahl. „Weniger und gründlich" ist mehr als „alles und flüchtig".

Ein Muss ist eine Audienz auf dem Monte Ingino. Am besten mit der Seilbahn. In nostalgischen, offenen Körben führt die 10-minütige Fahrt auf den 908 Meter hohen Berg.

Die Seilbahnstation befindet sich in direkter Nähe zum Kloster Sant'Agostino. Martin stieg ein. Ich benutzte den nächsten Korb. Man könnte ihn auch als Käfig bezeichnen. Es ist anzunehmen, dass der beengte Platz und die Sicherheitsstandards vereinzelt Beklemmungen im eigenen Brustkorb auslösen könnten. Martin sah das nicht so eng. Er hatte Spaß ohne Ende. Seine Lachmuskeln wurden anfangs so stark strapaziert, dass er für den nächsten Tag muskelkaterähnliche Beschwerden befürchten musste.

Oben: die Seilbahn zum Monte Ingino Unten: schöner Blick vom Gipfel

Der Gipfel belohnt mit einem unvergesslichen Panoramablick in den umbrisch-märkischen Apennin. Lieblich thront auf ihm die Basilika Sant'Ubaldo. Sie stellt den religiösen Kern von Gubbio dar, ist Ausdruck ihres Gefühls, ihrer Tradition und Frömmigkeit.

Altar mit dem gläsernen Sarg des Heiligen Ubaldus

Der Heilige Ubaldus ist der berühmteste Sohn Gubbios und gleichzeitig ihr Schutzpatron. Im Jahr 1085 in Gubbio geboren, wurde ihm im Alter von 43 Jahren die Bischofswürde verliehen. Er war nicht nur geistiger Führer der Stadt, sondern bewahrte sie auch vor der Einnahme durch Friedrich Barbarossa und gegen Angriffe anderer Feinde. 30 Jahre nach seinem Tod wurde er heiliggesprochen. Sein Leichnam, der nicht einbalsamiert wurde, zeigt auch über die Jahrhunderte hinweg keine Verwesungserscheinungen. Er wird in einem gläsernen Sarg hinter dem Altar aufbewahrt. Zu seinen Ehren findet der jährliche Wachskerzenlauf statt, der final in der Basilika endet.

Das Kircheninnere ist ausgewogen und stilvoll gestaltet. Die fünf Schiffe werden durch Anordnungen großer Pfeiler unterteilt. Das

Buntglasfenster hinter dem Altar zeigt lebensnahe Episoden aus der Vita des Heiligen Ubaldus.

Kreuzgang mit Zisterne

Die Basilika ist wie auch andere Kirchen ein Beleg tellurischer Energie. Ihre genaue Position wurde von der Umgebung der Sonne und der kosmischen Kräfte beeinflusst. Die weisen Baumeister des Mittelalters besaßen spezielle Kenntnisse über den Einfluss von Energie und versuchten die kosmischen Kräfte mit einzubinden. In architektonische Proportionen übertragen, wird die Energie durch Wasseradern verstärkt. In entspannter Sitzposition auf den Bänken, mit geschlossenen Augen und ausgebreiteten Händen, lässt sich die vibrierende Kraft an einigen Stellen in der Kathedrale nachempfinden. Bei voller Konzentration spürt man ein mitunter intensives Kribbeln in den Fingerspitzen oder gar im ganzen Körper.

Im integrierten Innenhof präsentiert sich ein schöner quadratischer Kreuzgang mit fein gearbeiteten Rundbögen. Die Zisterne akzentuiert die Mitte und erweckt mit ihrer Randflächenbepflanzung den Anschein einer rustikalen Blumenvase.

Auf der herrlichen Aussichtsterrasse des Restaurants ließ es sich gut verweilen. Die Speisekarte verleitete uns zu einem Snack. Zwei alte Bekannte gesellten sich bald dazu: Inge und Matthias aus Lindau. Sie hatten die Etappe von Città di Castello nach Gubbio mit dem Bus zurückgelegt und die Stadt schon frühmorgens erreicht.

Die Zeit drängte. Warum die Stadt nicht auf eigene Faust erkunden? Martin und ich beschlossen, getrennte Wege zu gehen. Später wollten wir uns zum Abendessen verabreden.

Vom Gipfel schlängelt sich ein abschüssiger, zypressenumsäumter Pfad bis zum Dom. Er verwöhnt mit ansichtskartengleichen Ausblicken in die Weite der Landschaft. Immer wieder musste ich zwischendurch innehalten, um mich an dem Panorama zu weiden.

In vier Tagen würde dieser Weg die Marterstrecke für die Ceri-Träger sein. Das berühmte Ceri-Fest findet alljährlich am 15. Mai statt, dem Todestag des Heiligen Ubaldus. Zu seinen Ehren werden die Ceri, das sind sieben Meter hohe kerzenähnliche Holzsäulen, auf eine Art von Tragbahre in einem feierlichen Zeremoniell vom Palazzo dei Consoli hoch auf den Monte Ingino zur Grabstätte des Heiligen getragen. Insgesamt drei dieser bis zu 400 Kilogramm schweren Exemplare, auf deren Spitze jeweils die Heiligenfiguren von Ubaldus, Georg und Antonius thronen, werden von drei

Mannschaften mehrmals durch die von Zuschauertrauben umsäumten geschmückten Straßen geführt. Abends werden die Ceri auf dem steilen Bergpfad zur Ubaldus-Basilika getragen. Dort werden sie bis zum nächsten Fest – öffentlich zugänglich – aufbewahrt.

Auch zur Weihnachtszeit lässt sich Gubbio etwas ganz besonderes einfallen. Spektakulär ziert seit einigen Jahren der weltgrößte Weihnachtsbaum die Fläche des Monte Ingino. Vom Fuß bis zum Scheitel zeichnen Lichterketten die Umrisse einer Tanne nach. Mittendrin werden mit künstlerischer Finesse bunte Lichter als Christbaumkugeln „aufgehängt". Ein auffälliger Schweifstern bildet den Abschluss. Abends sorgt das Kunstwerk noch aus kilometerweiter Entfernung für Aufsehen.

Ob im Sommer oder im Winter, Gubbio ist immer eine Reise wert! Die Stadt ist einfach umwerfend!

Ich schlenderte am Dom vorbei in Richtung Franziskus-Kirche.

So ein Motorroller ist doch ein schönes Spielzeug! Insbesondere dann, wenn der Papi gerade am Bankautomaten Geld abholt und nicht aufpasst. Das nutzt man aus! Geht auf Entdeckungsreise, spielt neugierig an den Knöpfen. Die kleine Tochter schien von ihrem fahrbaren Untersatz schier begeistert zu sein.

Der originelle Schnappschuss gelang mir am Wollweberhaus.

Der Roller steht zwar – aber wenn ich groß bin überhole ich euch alle

An dem großen Vorplatz der Stadt, der Piazza Q. Martiri, ragt der unauffällige Turm der Kirche San Francesco beinahe schüchtern in den Himmel. In ihrem Inneren erscheint sie monumental, sowohl in den Proportionen wie auch in der Anordnung der Pfeiler. Der Komplex der Basilika entstand auf dem einstigen Areal des Wohnhauses und Warenlagers der Familie Spadalonga, die Franziskus um Hilfe bat, nachdem er sich von seinen Eltern lossagte und sich aller Besitztümer entledigte. Der Legende nach schenkte die Familie ihm die Kutte, die er fortan als Zeichen der Armut trug.

links: Bronzerelief mit der Übergabe der Kutte an Franziskus
rechts: Fresken in der Apsis der Franziskuskapelle

Erwartungsvoll betrat ich die Kirche. Wer nach frühzeitlichen Spuren von Franziskus suchen möchte, ist hier genau richtig. Dabei erweist sich das rechte Seitenschiff mit seiner Apsis als Fundgrube.

Die mit einer Fülle von künstlerischen Kostbarkeiten ausgestaltete Franziskus-Kapelle gilt als magischer Anziehungspunkt. Schön anzusehen sind die Fresken aus dem 14. Jahrhundert. Ein großes, plastisch wirkendes Bronzerelief auf einer Glastür ist ein beliebtes Fotomotiv. Es stellt die Szene des nackten Bettlers Franziskus bei der Übergabe der Kutte durch die Familie Spadalonga nach.

Die meisten Menschen fürchten sich vor Wölfen. Nicht so Franziskus. Er hatte nicht nur keine Angst, sondern zähmte einen der grauen Räuber. „Franziskus und der Wolf von Gubbio", eine bemerkenswerte Geschichte mit Happy End.

Es wird erzählt, dass vor den Toren der Stadt ein gefährlicher Wolf sein Unwesen trieb und die Bürger in Angst und Schrecken versetzte. Ob Mensch oder Tier, in seiner Gier fraß er alles, was ihm über den Weg lief.

Als Franziskus von seiner Existenz erfuhr, machte er sich auf die Suche nach ihm. Viele Bürger warnten ihn vor der Bestie, doch Franziskus entgegnete ihnen: „Ich habe keine Angst. Der Wolf ist mein Bruder. Er wird mir nichts tun."

Als er den Wolf vor dem Stadttor stellte, fletschte das Raubtier die Zähne und rannte angriffslustig auf ihn zu. Franziskus blieb ganz ruhig und machte über ihn ein Kreuzzeichen. Kaum hatte er den Wolf bekreuzigt, suchte er seine Nähe und legte sich lammfromm zu seinen Füßen. Sodann sprach er zu ihm: „Bruder Wolf, du richtest in dieser Gegend großen Schaden an und hast große Übeltaten verbrochen. Du hast nicht nur Tiere gerissen, du hast dich erdreistet, Menschen, Geschöpfe Gottes, zu töten. Im Namen Christi befehle ich dir, weder mir noch sonst jemandem Leid anzutun. Ich bin gekommen, um zwischen dir und den Menschen Frieden zu schließen, Bruder Wolf." Durch Schwanzwedeln gab der Wolf Franziskus zu verstehen, dass er dazu bereit sei. Nie mehr sollte er fortan die Bürger von Gubbio bedrohen. So die Abmachung. Als Gegenleistung versprach Franziskus dem Wolf, keinen Hunger mehr leiden zu müssen. Dafür verpflichteten sich die Einwohner ihn bis an sein Lebensende zu füttern. Der Wolf hob die rechte Tatze und legte sie als Zeichen der Treue in die Hände von Franziskus. Daraufhin gingen sie gemeinsam in die Stadt, um den

Bewohnern die frohe Botschaft zu verkünden.

Der Wolf lebte noch zwei Jahre in Gubbio, ging zahm von Tür zu Tür, ohne jemandem auch nur ein Haar zu krümmen. Die Menschen waren ihm freundlich gesonnen und gaben ihm regelmäßig sein Fressen. Schließlich starb er friedlich an Altersschwäche.

Franziskus und der Wolf von Gubbio – Statue vor der Franziskuskirche

Das Römische Theater sollte der letzte „Farbklecks" meiner bunten Besichtigungstour sein. Das Bauwerk liegt am Stadtrand und dokumentiert das antike Gubbio in einer Epoche, in der die Stadt eine Liaison mit Rom einging.

Plötzlich klingelte mein Handy. Es war Martin. Er hatte Appetit auf eine Pizza. So wie ich. Wir legten einen Treffpunkt fest: eine Pizzeria in der Via Baldassini.

Angeregt tauschten wir uns bei einer guten Flasche Vino Rosso aus. Dabei glänzten Martins Augen wie frischpolierte konvexe Goldmedaillen. Sie spiegelten die Begeisterung wider, die man nicht besser als mit der Aneinanderreihung von sechs Buchstaben beschreiben kann: G u b b i o.

Die Pizzen wurden serviert. Sie dufteten nach Oregano, sie waren gut – dennoch waren sie anders. Vielleicht lag es an der Luft, vielleicht lag es an der eugubinischen Küche, vielleicht lag es auch nur an der einmaligen Atmosphäre von Gubbio – der schönsten mittelalterlichen Stadt Italiens.

Oben: Römisches Theater
Unten: Piazza Quaranta Martiri mit Blick auf den Palazzo dei Consoli

11
Das Aquarium
Gubbio – Biscina, 24 Km am 12. Mai

Padre Giustino stand in der Nähe des Altars, als ich frühmorgens die Kirche Sant'Agostino betrat, um mich mit Gottes Segen für die anstrengende Tagesetappe zu stärken. Ich ging ohne Umschweife auf ihn zu und bedankte mich mit einem Händedruck für die Gastfreundschaft. Er habe sich noch vor kurzem im Bistum Würzburg aufgehalten, um ein wenig Deutsch zu lernen, verriet mir der barmherzige Padre und „I will pray for you", gab er mir noch mit auf den Weg, als ich mich von ihm verabschiedete.

Jetzt konnte nichts mehr schiefgehen. Wenn Padre Giustino mich in seine Gebete aufnimmt, zudem bei Gott ein gutes Wort für mich einlegt, dann dürfte dieser Tag ein guter Tag werden.

Getrennt laufen, aber gemeinsam ein Ziel fixieren. Auf diese Devise hatten Martin und ich uns verständigt. Biscina sollte es am Ende sein. Dort wollten wir uns treffen.

Piazza Quaranta Martiri. Franziskuskirche. Dann links halten. Schön auf das gelbe Tau achten. Mit jedem Schritt entfernte ich mich aus der Stadt. Der Abschied tat weh, wobei Wehmut genauso wie Frohsinn ganz normale Gefühlsregungen einer Pilgerschaft sind. Aufbrechen, ankommen, rasten, weitergehen, nur so funktioniert pilgern.

In der Nähe der Kirche Vittorina witterte ich die typischen Düfte einer Bäckerei. Wenn die Witterung gar Begehrlichkeiten weckt, folgt man der verlockenden Duftspur. Insbesondere dann, wenn der Witternde den gleichen Hunger hat wie der Wolf von Gubbio. Im Gegensatz zu der fiesen Bestie hatte ich kein Tier, sondern ein feines Frühstück im Visier. An einem der Tische auf der Terrasse sicherte ich mir ein schönes Plätzchen und schlürfte meinen Kaffee.

Ein Auto fuhr in die Parklücke. Der Fahrer öffnete die Tür, setzte ein Bein auf den Boden. Nichts Ungewöhnliches. Aber seine Erscheinung war bemerkenswert. Er trug eine Kutte. Ich erkannte ihn auf Anhieb, als er ausstieg. Und offensichtlich erkannte er mich auch. Er grüßte mich sogar. Der Fahrer war der Padre, der vorgestern in der Kirche Sant'Agostino die 18-Uhr-Messe zelebrierte. Wieso erinnerte er sich ausgerechnet an mich? Kam mir schleierhaft vor, es waren Dutzende von Gläubigen anwesend! Bildete ich mir etwas ein? Wie dem auch sei, vielleicht hatte er einen Röntgenblick für den Typus Pilger und grüßte sie generell.

Ich lief weiter. Das Koffein zeigte Wirkung, machte die Beine schnell. Im Laufschritt überquerte ich eine extrem laute Straße.

Nach dem Örtchen Ponte d'Assi kehrte wieder gewohnte Ruhe ein. Ich steckte mir die Stöpsel meines MP3-Players in die Ohrmuscheln. Es war soweit, *Scott McKenzie*, die Stimme der Blumenkinder, betrat „die Bühne" und besetzte mit seinem legendären Welthit *San Francisco* in Lichtgeschwindigkeit den Süden meines Herzens. Wie eine Fata Morgana stand er vor mir, mit leuchtenden Augen, Engelslöckchen und Blumen im Haar. Seine kristalline, hohe Stimme, die sanfte Gewalt der „people in motion", der aufreizend in die Länge gezogene Name des heiligen Franziskus – es gibt wohl keinen, der die Hymne nicht mag. Für mich war sie im Moment ein Lobgesang auf den Franziskusweg. Aus voller Kehle sang ich mit. Ganz gewiss nicht so gut, aber bestimmt genauso laut wie der berühmte Sänger. *San Francisco*, ein Lied für die Ewigkeit gemacht, ein Song, um ihn mit in die „Grube" zu nehmen.

Witzig verpackt erzählte mir Martin später, dass er unterwegs Scott McKenzie gesehen hätte. Er hätte abseits des Weges eine Pause eingelegt und mich bei meiner Gesangseinlage beobachtet.

Noch im Februar war ich zu Gast in der kalifornischen Großstadt. Diese Reise sollte keine Ergänzung zur geplanten Wallfahrt nach Assisi sein, vielmehr stand sie als Kombination mit einem Skiurlaub am Lake Tahoe schon vorher fest. Die meisten Touristen zieht es zur weltberühmten Golden Gate Bridge. Für mich hingegen waren auch mögliche Spuren von Franz von Assisi, dem Namensgeber der Weltmetropole, von Interesse. In der Grace Cathedral, in der California Street, wurde ich fündig. Auf einem ovalen Sockel thronte eine modern gestaltete Figur des Poverello, so wie wir ihn kennen, liebevoll, mit typisch barmherzig ausgebreiteten Armen.

Far away von *Marc Knopfler* reihte sich nahtlos an. Auch dieser Titel passte wie „die Faust aufs Auge“. Bei der Auswahl meiner Lieder hatte ich ein glückliches Händchen.

Weit weg, ja, das war ich. Weit weg von den Lieben daheim, weit weg vom hektischen Alltag. Weit weg vom Straßenlärm. Dafür ganz nah am Busen der Natur. Es gab nur Ruhe und Frieden. Keiner stellte Fragen, keiner antwortete. Es war gut, in der Einsamkeit allein zu sein. Ein ungewohntes Gefühl, ein Wohlgefühl. Ein paar Tage das Handy ausschalten, auf Facebook, WhatsApp oder Internet zu verzichten. Nicht verbunden, nicht vernetzt. Ich bin dann mal weg. Ich bin jetzt mal bei mir. Die anderen müssen halt draußen bleiben. Wandern in der Fremde kann sooo schön sein!

Gubbio war inzwischen weit entfernt. Nach einem beständigen Aufstieg von mehreren Kilometern verschaffte mir ein Holzstapel eine willkommene Sitzgelegenheit. Und eine grandiose Aussicht. Der Rückblick auf die Stadt schmeichelt dem Auge, er löst ohne Ansage eine Lawine von Endorphinen aus. Der Monte Ingino, der Palazzo dei Consoli, die klare Sicht der Luftmassen wirkte wie ein Vergrößerungsglas.

Herrlicher Rückblick auf Gubbio

Die Mai-Sonne schien unentwegt. Der schönste Monat des Jahres bescherte mir bisher ein Wandermärchen. Und der Franziskusweg war ein guter Gastgeber. Er präsentierte mir sein Wohnzimmer mit einem Teppich grüner Wiesen, dem erlesen sortierten Inventar an kulturellen Stätten, den blitzeblank geputzten Panoramafenstern.

Ich schaltete bewusst einen Gang zurück, unterzog mich dabei einem Exerzitium der Langsamkeit. Langsamkeit wird belohnt. Denn nur dem Langsamen verrät der Weg seine botanischen Geheimnisse. Nur der bedächtig Gehende sieht den perlenden Tau auf den Grashalmen, riecht an den duftenden Blumen, genießt das Rauschen der quellenden Bäche und verharrt bei den Lauten der Tierwelt. Mindestens einmal am Tag für eine halbe Stunde nur halb so schnell wie gewohnt zu gehen, ist eine wunderbare Therapie, um Fauna und Flora mit der Lupe zu betrachten und sich dabei herrlich zu entschleunigen.

Manchmal haben wir es verlernt, das Glück in kleinen Dingen zu suchen. Das zarte Grün der Bäume liefert Glück, man muss es nur suchen. Und sehen. In kollektiver Aufbruchsstimmung bahnen sich die Blätter neugierig ihren Weg nach draußen. Raus aus der Dunkelheit, rein in das Licht des Lebens, sich entfalten, wachsen, atmen, den Baum mit Nährstoffen versorgen. Es ist schon imposant, wie ein ganzes Blatt quasi völlig zerknittert aus einer Knospe sprießt, um am Ende unzerknittert am Ast zu hängen.

Kapelle Santa Maria della Ripa

An der kleinen stimmungsvollen Kapelle Santa Maria della Ripa legte ich eine Rast ein. Der Zutritt wird durch ein Gitter verwehrt. Nicht so der Blick. Er fällt auf einen schlichten Altar. Auffälliger sind die vielen Utensilien, die Pilger an dem Geflecht hinterlassen. Ob Rosenkränze, Armbänder oder Jakobsmuscheln, jeder zurückgelassene Gegenstand hat eine eigene Bedeutung.

Ich zog weiter. Nach etwa zwei Kilometern erschließt sich die Einsiedelei San Pietro in Vigneto. Das Kloster war früher für Pilger eine wichtige Station auf ihrem Weg von Gubbio nach Assisi. Auch Franziskus kehrte hier ein. Der einzige Mönch, der heute im Kloster wohnt, lebt zurückgezogen und möchte nicht gestört werden. Ein Schild an der Klosterpforte weist darauf hin.

Jetzt wurde es anstrengend. In heimtückischer Dosierung entblößte sich der Weg, offenbarte mir gnadenlos seine Schwierigkeitsstufen. Die Steigungen wurden immer heftiger. Heute war mal wieder Martertag für meine Beine.

Bachlauf mit Staubecken und „Aquarium"

Ein Bach mit einem kleinen Staubecken kündigte sich an. Er schenkte mir eine Eintrittskarte für einen kostenlosen Besuch seines „Aquariums". Aufgeschreckt von meiner Gegenwart sprangen etliche Frösche schutzsuchend ins Wasser. Das klare Wasser gab mir eine Übersicht aller Bewohner. Es war die Kinderstube von Hunderten von kleinen Kaulquappen. Sie brachten mit ihren quirligen Bewegungen mächtig Stimmung in die Unterwasserwelt. Ein Schwarm kleiner Fische schaute dem Treiben neugierig zu. Das Becken steckte voller Leben, es war ein intaktes Kleinod für alle Wasserbewohner und eine gern gesehene Abwechslung für vorbeiziehende Wanderer.

Der Bachlauf kann gefahrenlos über die Staumauer durchquert werden. Ein Spannseil sorgt bei Bedarf für Sicherheit. Felsplatten gestatten die Durchschreitung trockenen Fußes.

Wenn die Bachquerung eine Hürde sein sollte, schaffte ich sie mit Bravour. Rücksichtslos stellte mir der sich anschließende Weg die nächsten Hürden höchstpersönlich in den Weg. Seine hässliche Seite zeigend, quälte er mich über eine Stunde lang mit seiner ungezügelten Lust auf Folter. Erst versuchte er mich auszuzehren, dann wollte er mich fertigmachen. Aber er hatte die Rechnung ohne einen meiner engsten Verbündeten, meine gute Kondition, gemacht. Durch den langen Weg gestählt, war sie inzwischen zu einer wirksamen Waffe gegen widrige Laufbedingungen geworden.

Auch der Rucksack meinte auf Konfrontationskurs mit mir zu gehen. Die Schwerkraft leitete das Gewicht auf meine armen Beine weiter und verbannte sie vorübergehend zu einer Art Haft im Arbeitslager des Steilstückes.

Schweißgebadet erreichte ich eine Lichtung mit einer blühenden Margeritenwiese. Tausende dieser Pflanzen verwandelten die Fläche in ein weiß getupftes Blumenmeer. Ein idealer Fleck, um eine Verschnaufpause einzulegen. Erschöpft ließ ich mich auf einen Felsen sacken. Überall summte, surrte und zirpte es. Insekten aller Art, wie Bienen, Heuschrecken und Käfer fanden hier ihre Heimat.

Nach einer Extremanstrengung „mit einem Blumenstrauß“ entschädigt zu werden, entspricht einer hochprozentigen Verzinsung des eingesetzten körperlichen Kapitals. Was Banken nicht mehr schaffen, das schafft die Natur. Mit ihrem gut gefüllten Depot von Liebreiz, Schönheit und Glanz erhält man von ihr eine grundsolide Gewinnausschüttung in Form von rauschenden Wasserfällen, saftigen Wiesen, satten Feldern, silbrig flirrenden Olivenhainen und kreidigweißen Bergflanken. Warum also monetär denken? Die besten Renditen werden in der Natur erzielt!

Vor Biscina: Margeritenwiese mit Blumenstraußcharakter und Wegschild

Ich verabschiedete mich von meiner schönen Margeritenwiese. „Noch 24 Kilometer bis Assisi“, kündigte ein Wegschild an. Euphorie stellte sich im Moment nicht ein. Vielleicht lag es am Weg, ein letztes Mal folterte er mich mit einer langanhaltenden finalen Steigung. Am Ende stützte ich mich keuchend, vornüber gebeugt, mit gestreckten Armen auf meine Trekkingstöcke. Erst als sich meine Atmung einigermaßen beruhigt hatte, lief ich weiter. Mein Ziel, der Agriturismo Biscina, war nun in greifbarer Nähe.

Die kleine, dorthin führende Straße gestattet nicht nur einen schönen Blick auf die umliegenden Täler, sondern auch auf die wenigen Häuser des Weilers Biscina. Großzügig schälen sie sich aus dem Hang heraus. Am Ende des Bergrückens erhebt sich majestätisch das Castello di Biscina.

Das Schloss, einst ein Lehen der Grafen von Coccorano, war im frühen Mittelalter ein wichtiges Machtzentrum der Umbrier. Von den vielen regionalen Auseinandersetzungen aus dieser Epoche gezeichnet und vom Zahn der Zeit nicht verschont geblieben, verfiel das Kastell allmählich. Der größte Turm, mit Zinnen gekrönt, ist ein imposanter Blickfang und gilt als Wahrzeichen des Weilers. Schon seit vielen Jahren werden einige Gebäudeteile restauriert. Sie sollen einer neuen Nutzung zugeführt werden. Allerdings laufen die Restaurierungsarbeiten nur schleppend und ruhten zum Zeitpunkt meiner Besichtigung. Offensichtlich mangelt es an Geld.

Ein Blick auf das Castello di Biscina

„Buon giorno!" Mit diesen Worten betrat ich den kleinen Vorraum des Bauernhofes. Die Mini-Rezeption war nicht besetzt. Wollte mich keiner empfangen? Ein lauteres „hal-lo-o" folgte. Eine junge Signora kam mit „angezogener Handbremse" und mäßiger Freundlichkeit aus einem Hinterzimmer. „Ich möchte ein Doppelzimmer", signalisierte ich ihr. „Bei uns gibt es nur Appartements", meinte sie ein wenig uninspiriert. „Kein Problem, ich nehme es." 50 Euro, ein dreigängiges Menü inkludiert, sollte die Übernachtung kosten. Ich legte meinen Pilgerpass auf den Tisch. „Ist Martin schon hier?", wollte ich noch wissen. „Nein", meinte sie wortkarg. Das Gespräch war ein wenig zäh. Sie gab mir den Schlüssel. Ich bestellte mir einen Capuccino, setzte mich in eine Ecke und wartete.

Nicht lange. Der Amerikaner Greg trudelte ein. Erfreut begrüßten wir uns. Greg legte gleich wie ein rieselnder Wasserfall los und schilderte mir seine bösen Erlebnisse in einer Pension in Città di Castello. Er hatte ein Problem: Trotz Einzelzimmer war er nicht allein. Selbst im Bett nicht. Dort hielten sich ungebetene Gäste auf. Seinen schlafsuchenden Körper betrachteten sie als Eindringling, der mit allen zur Verfügung stehenden Mitteln bekämpft werden musste. Lauern, positionieren, angreifen, in dieser Reihenfolge fielen Scharen von blutsaugenden Bettwanzen nachts über ihn her. Greg hatte keine Chance, die Parasiten raubten ihm nicht nur den Schlaf, sondern übersäten seinen Körper mit unzähligen Bisswunden. Der starke Juckreiz und blasenartiger Ausschlag zwangen ihn, am nächsten Tag einen Arzt aufzusuchen. Armer Greg, auf diese üble Erfahrung kann man getrost verzichten!

Die Tür öffnete sich. Schlank, groß, dunkler Habitus. Martin kehrte ein. „Schön, hier zu sein“, meinte er. Ein wenig verfinsterte sich seine Miene, als er den Preis hörte. Mit dem Schlüssel in der Hand gingen wir zum noblen Gästehaus. Ein komfortables Appartement mit schönen Zimmern sollte uns den Aufenthalt versüßen.

Die grandiose Lage des Anwesens ermöglicht eine überragende Fernsicht. Wie auf einem Silbertablett werden Stausee, Schloss und tief durchfurchte Täler serviert.

Der türkisschimmernde Swimmingpool ist die ultimative Einladung für ein ausgiebiges, erquickendes Bad. Natürlich ließ ich mir die Gelegenheit nicht entgehen, um in dieser paradiesischen Umgebung meine Bahnen zu ziehen.

Martin nutzte die Zeit, um seine Monster-Blasen an den Fersen zu versorgen. Sie sahen übel aus und behinderten ihn zunehmend. Trotz Blasenpflaster. Nach meiner Einschätzung waren sie ein Fall für den Arzt. Für ihn sollte es noch schlimmer kommen.

Nach einem harten Wandertag ist das Abendessen immer ein besonderer Moment. Es ist der Lohn für die Anstrengung, zudem die Honorierung der eigenen Leistung. Und im Mittelpunkt steht die Begegnung, das Zusammensein mit Weggefährten, netten Menschen wie du und ich.

Wir – Martin, Greg und ich – ließen es uns in abendlicher Atmosphäre schmecken: Tagliatelle, Kalbfleisch, Spinat, Brot und Wein. Na, dann „Buon appetito”!

12
Let's go to San Francesco
Biscina – Assisi, 28 km am 13. Mai

Unsere Sehnsucht nach Licht ist so alt wie das Leben selbst. Alte Kulturen haben die Sonne zur Gottheit erhoben. Jedes Gänseblümchen dreht sich zu ihr. Jeder Wanderer träumt von Sonne. Von ihrer Strahlkraft, von ihrer Beständigkeit, von ihrer Wärme. Und von ihrer Wirkung auf die Laune.

Über das Wetter zu schreiben, grenzt nahezu an Langeweile. Es war mal wieder perfekt. Charmante 23 Grad frühmorgens. Wolkenlos. Ein glänzendes Entree für meinen letzten Wandertag.

Sechs Stunden Tiefschlaf reichten. Meine Batterien standen auf 100 Prozent. Ich fühlte mich bärenstark, war im moderaten Kampfmodus. Hatten sich die Geister des Franziskusweges etwa nachts an mein Bett geschlichen und mich heimlich gedopt?

Kurz hinter Biscina: Stausee von Valfabbrica

Nach dem Frühstück schoss ich wie ein Sektkorken los. Etwa 800 Höhenmeter warteten heute auf mich. Hinter dem Castillo ging es ständig bergab. Normalerweise schaue ich oft auf den Weg. Einerseits möchte ich meinen Gang damit absichern, andererseits möglichst viel von den Wegrändern erfassen, nach Möglichkeit nichts übersehen. Diesmal fokussierte ich mich abweichend, lenkte mein Augenmerk mehr auf das traumhafte Panorama. Der Stausee war ein magischer Anziehungspunkt. Den Kopf in einem Winkel von 30 Grad eingerastet und schon war der Blick fixiert.

Hohe blühende Ginstersträucher säumten den Weg. Murmelnde Bäche sangen ihre munteren Melodien. Die Wiesen glichen abschnittsweise einer Orchideenfarm. Hunderte von ihnen mischten sich wie Wachskerzen in die Vegetation. Und immer wieder streiften meine Blicke den dominierenden Stausee. Eine Landschaft zum Niederknien.

Wilhelm Busch wusste es schon immer: Erstens kommt es anders und zweitens als man denkt. Die Nebenroute nach Sambuco stand nicht auf meiner Agenda. Auf etliche hundert Höhenmeter zusätzlich hatte ich keinen Bock. Trügerische Hinweistafeln führten mich ungewollt auf diese Route. Als mir der Irrtum bewusst wurde, hatte ich schon zwei Kilometer zurückgelegt. Umdrehen? Nein! „Wird schon gehen“, redete ich mir ein. Fleißig sammelte ich Höhenmeter um Höhenmeter. Früher, in der Schule, bekam ich gelegentlich Fleißkärtchen für gute Leistungen. Hier, in der Natur, werden keine Fleißkärtchen verteilt. Nicht einmal Schweißkärtchen. Nur knochenhartes Brot. Der Anstieg kostete reichlich Kraft. War es eine unnötige Vergeudung meiner begrenzten körperlichen Ressourcen? Einerseits ja, andererseits nein. Der Hauptweg wäre zweifellos einfacher gewesen, aber er hätte mir nicht den grandiosen Ausblick auf den Stausee geschenkt. Auch das anmutige Kirchlein von Coccorano wäre mir verwehrt geblieben. Geschweige denn die vielen wilden Alpenveilchen.

Nach gut einer Stunde erreichte ich wieder die Asphaltpiste und kurze Zeit später das Städtchen Valfabbrica. Ein gut sortierter Dorfladen schürte Begehrlichkeiten. Irgendwo an einer schönen Stelle ausgiebig schlemmen, das war mein Plan, als ich reinging.

Ich kaufte Käse, Brot, Obst, Wasser und eine eisgekühlte Flasche Coca Cola. Mit einer großen Plastiktüte in der Hand durchstreifte ich den Ort, immer auf der Suche nach einer Bank.

Es war wie verhext. Die Chance eine Sitzbank auf dem Mond zu finden war wahrscheinlich größer, als in Valfabbrica eine ausfindig zu machen. Entweder wurden sie im Winter kollektiv verheizt oder sie bedienten sich einer Tarnkappe. Keine Sitzbank, keine Pause, ciao Valfabbrica!

Kurz hinter dem Ortsausgang führte ein Weg zu einem Bach. Zerstückelt wartete ein Baumstamm auf sein vorbestimmtes Ende als Brennmaterial. Sein Schicksal war für mich der Anbeginn der ersehnten Pause. Ein großes Stammstück bot mir eine bequeme Sitzgelegenheit. Alles kam auf den „Holztisch". Unter Missachtung gängiger Knigge-Essregeln verschlang ich mit Begierde die mitgeschleppten Fressalien. Insbesondere die Cola erwies sich als köstliche Erfrischung. Ich genoss sie mit jedem Schluck.

Unüberhörbar näherten sich von hinten Schritte. Ich drehte mich um. „Hey, Martin! Warum spielst du Verstecken?", wollte ich wissen. Er fing an zu grinsen. „Ich habe einen Steinwurf entfernt am Bachufer gesessen und eine Pause gemacht. Hab' dich nicht bemerkt." „Schade eigentlich!", bedauerte ich. „Ja, finde ich auch. Das nächste Mal hocken wir uns zusammen. Ich gehe schon mal vor, du holst mich bestimmt bald ein. Also bis dann." Martin bog rechts auf die Straße ab und verschwand.

Nach zehn Minuten packte mich ebenso wieder die Wanderlust.

Am Busen der Natur gilt ein ungeschriebenes Gesetz: Wenn man ihre Gastfreundschaft in Anspruch nimmt, verlässt man den Platz genauso, wie man ihn vorgefunden hat. Eigentlich eine Selbstverständlichkeit. Eine Pflicht. Leider nicht für jedermann.

Wie praktisch, dass sich gleich in der Nähe ein ganzes Arsenal von Mülltonnen befand und begierig meinen Abfall schluckte.

Mit dem Betreten der Straße fühlte ich wieder Asphalt unter den Schuhen. Asphalt ist nicht der Freund des Wanderers, eher der Autos. Eine Abzweigung hinter dem Weiler Il Pioppo führte in den Wald – und in die Berge. Berge bedeuten Aufstieg. Aufstieg bedeutet Arbeit. Somit schloss sich der Kreis. Mal wieder. Erbarmungslos, ja, brutal führte der Weg aufwärts. Eingelassene Treppenstufen sollten die Bewegungen erleichtern.

Der Schweiß schoss mir aus allen Poren, rann wie ein Rinnsal in die entlegensten Winkel meiner Körperregionen. Es kam mir so vor, als wenn der Weg meine Schädeldecke durchstechen und mich mit einem Strohhalm leersaugen wollte. Das gelang ihm weitgehend. Aber nicht ganz! Mein unbeugsamer Wille war stärker und entfernte ohne Skrupel den lästigen Sauger.

Japsend stand ich auf der Anhöhe und rang nach Luft. Das Schlimmste lag wohl hinter mir. Man muss nur daran glauben! Assisi konnte nicht mehr weit sein. Eine knisternde Spannung baute sich in mir auf. Klammheimlich freute ich mich schon riesig auf den Zieleinlauf. Auch wenn keiner Beifall klatschen würde, ich würde es innerlich tun, denn ich meinte, es verdient zu haben.

Nordöstliche Ansicht: Monte Subasio mit der Basilika San Francesco

Inspiriert lief ich weiter. Es tat richtig gut, mal eine längere Strecke abschüssig laufen zu können.

Jetzt konnte die Vorstellung beginnen. Vorhang auf! Die Silhouette von Assisi zeigte sich am weiten Horizont. Wie eine Gralsburg beherrscht die Basilika San Francesco die Tiefebene. Ich verharrte in Demut. Von der Sonne erleuchtet, sah ich auf die weichen Linien der Stadt am Fuße des Monte Subasio. Freudentränen mischten sich mit Glücksgefühlen. Glücksgefühle vermengten sich mit Triumphstimmung. Triumphstimmung mischte sich mit Dankbarkeit. In der Summe ein wohltemperierter Cocktail der Gefühle.

Mein Ziel war greifbar nahe. Anstrengung, Entbehrung, Durst, Qualen, alles war vergessen, ausgelöscht, so, als wenn mein leidenschaftlicher Einsatz nur ein Phantom gewesen wäre.

An der Statue von Padre Pio stieß ich erneut auf Martin. Er klagte über starke Schmerzen im rechten Knie. Ich bot ihm an, den letzten Aufstieg gemeinsam zu nehmen. Wir passierten die Kirche Santa Croce und kamen auf eine schmale Asphaltstraße mit einem letzten giftigen Aufstieg.

Franziskus, warum musst du mich zum Schluss noch so quälen? Wo bleibt deine vielgerühmte Barmherzigkeit? Gedanken, die ich ihm in meiner Fantasie mit einer weißen Brieftaube ins Universum schickte. Der Weg zu ihm wurde für mich zur kräftevernichtenden Marterstrecke. Es war das letzte Aufbäumen gegen mich selbst.

Oben, am Stadttor Porta San Giacomo angekommen, fletschte ich mich schweißüberströmt auf eine Bank. Dass sie schmutzig und von Müll umgeben war, störte mich nicht im Geringsten. Zwei Kilometer Horror-Steigung hatten mich geschafft. Ein Sauerstoffzelt wäre eine gute Option gewesen, doch eine ausgiebige Pause schien die weitaus realistischere Variante zu sein. Ich brauchte lange, bis mein Pulsschlag wieder im Normalmodus angekommen war.

Zehn Minuten später kam Martin. Vom Schmerz und den Strapazen gezeichnet, stammelte er nur noch: „Es geht nicht mehr, es geht nicht mehr.“ Er nahm neben mir Platz. Äußerlich konnte man seinem Knie nichts ansehen, doch er hatte bei jeder Bewegung höllische Schmerzen und war nicht imstande, noch kilometerweit zu laufen. „Wie ist dein Plan?“, wollte ich wissen. „Ich gehe zum Campingplatz und werde zelten“, meinte er ein wenig trotzig. „Das schaffst du nicht, der Campingplatz ist von hier aus noch mindestens zwei Kilometer entfernt“, gab ich zu bedenken und bot ihm eine andere Lösung an. „Ich habe im Hotel Posta ein Einzelzimmer reservieren lassen, wir schauen mal, vielleicht können wir dort auch zu zweit übernachten." Martin war einverstanden. Das Hotel lag mitten in der Stadt, unweit des Palazzo Comunale.

Der freundliche Portier meinte, das Zimmer sei zu klein, als ich ihn in mein Vorhaben einweihte. Er überreichte mir den Schlüssel und bat mich, selbst zu schauen. Das Zimmer befand sich im kleinen Seitenflügel und konnte nur über eine äußere Treppe erreicht werden. In der Tat, es war beengt, aber für zwei anspruchslose Pilger, so wie wir es waren, akzeptabel. Ich ging mit erhobenem Daumen wieder zum Portier. „Okay", signalisierte er, „wir organisieren ein Zusatzbett und alles wird gut." Martin war sichtlich erleichtert.

Keine Viertelstunde später war das Zimmer bezugsfertig. Wir stiegen die Treppe hinauf. Martin stöhnte. Ja, es strahlte Bescheidenheit, knappe Verhältnisse aus, dennoch, es war sauber und wir hatten ein Dach über den Kopf. Franziskus und sein Brüder hätten sich seinerzeit glücklich geschätzt, die Vorzüge dieser Bleibe für sich in Anspruch nehmen zu dürfen.

Martin machte sich Sorgen um den weiteren Verlauf seiner Wallfahrt. Sein Ziel Rieti war stark gefährdet. Im Moment sprach alles dagegen. Ich schenkte ihm einen deoähnlichen Rollstift, der Tinkturen nach indianischen Rezepturen enthielt. Die indianische Heilkunst sollte es richten. Konnte sie helfen und ein schamanisches Wunder bewirken?

Nach dem hygienischen Part suchten wir in Hotelnähe nach einem geeigneten Speiselokal. Nebenan wurden wir fündig. Das Restaurant gehörte anscheinend zum Hotel und war proppenvoll. Eine deutsche Reisegruppe sorgte nicht nur für akustische, sondern auch für gastronomische Vollauslastung.

Nach dem Menü flüchteten wir auf die Terrasse. Wow! Staunen war nicht der richtige Ausdruck. Bewunderung passte besser. Längst in ein dunkles Abendkleid gehüllt, galt unser Augenmerk dem umbrischen Tal, das sich in einer feierlichen Zeremonie mit der unglaublichen Farbenvielfalt der Lichter vermählte. Die grandiose Aussicht lässt einem keine andere Wahl: Man muss mit einem guten Glas Wein in der Hand anstoßen. Und dabei einfach mal ausschwingen lassen, was tagsüber in Bewegung geraten war.

13
Willkommen in Assisi, 14. Mai

Zweifellos, Assisi ist ein historisch schönes Hügelstädtchen. Eines mit attraktiven Gesichtszügen, römischen Wurzeln, Festungsmauern, Burg, Kirchen, Klöstern, alten Bürgerhäusern, Piazzas. Ohne Franziskus wäre Assisi ein anderes Assisi geworden. Es wäre eine Bergstadt unter vielen. Und wenn man eine unter vielen ist, dann würden gewiss nicht alljährlich Millionen Touristen kommen, um ihre Kostbarkeiten zu besichtigen. Assisi lebt mit und vom Franziskuskult. Und das bestimmt nicht schlecht.

Franziskus hätte den Rummel um seine Person nicht gewollt. In aller Bescheidenheit hätte er nach seinem Tod viel lieber leise weitergewirkt. Doch sein beispielloses Lebenswerk macht ihn zeitlebens zu einem weltweit geachteten Vorbild. Und deshalb kommen die Menschen zu ihm, um ihn zu ehren und zu bewundern.

Leider konnte der Rollstift mit den indianischen Heilmitteln keine schamanischen Wunder auslösen. Martin hatte heftige Schmerzen bei jeder Kniebewegung. Er zauderte, wollte das drohende Ende seiner Wallfahrt noch nicht beschließen.

Beim Frühstück trafen wir Silvia und Kurt. Auch sie hatten sich im Hotel Posta einquartiert. Im Hinblick auf seine Ausbildung als Krankenpfleger kümmerte sich Kurt fürsorglich um Martins Knie. Wirklich helfen konnte er ihm nicht. Als letzten Strohhalm wollte Martin eine Apotheke aufsuchen.

Ich hatte mich mit der bekannten Buchautorin Angela Seracchioli auf der herrlichen Terrasse des Hotelrestaurants verabredet. Von der Kulisse des Tescio-Tales animiert, konnten wir uns angeregt austauschen. Angela war an meinen unterwegs gemachten Erfahrungen interessiert und nahm einige Tipps überaus positiv auf.

In gutem Englisch erläuterte sie mir ihr neues Wanderbuch, das die Weiterführung des Franziskusweges bis zur Adriaküste dokumentiert. Aktuell widmet sie ihre Schaffenskraft einem ganz speziellen Projekt. Es sieht den Erwerb eines großen Anwesens in der Nähe der Kirche Santa Croce vor. Das Gebäude soll umgebaut und künftig als private Pilgerherberge genutzt werden. Das Vorhaben wird mit Spendengeldern und Kreditmitteln einer ethisch ausgerichteten Bank finanziert.

Angelas Angebot, mich zu einigen ausgesuchten Sehenswürdigkeiten zu führen, nahm ich gerne an. So eine Chance lässt man sich nicht entgehen. Das *Oratorio dei Pellegrini*, unscheinbar an der Via Francesco gelegen, war die erste Station. Die kleine Kapelle ist mit exzellenten Deckenfresken ausgestattet. In zwei Szenen wird das Hühnerwunder von Santo Domingo de la Calzada – vielen Pilgern vom Camino Francés her bekannt – eindrucksvoll dargestellt.

Am Galgen hängend, wird der junge Hugonell aus Xanten vom Heiligen Santo Domingo gestützt

Wir verließen das Gebäude und zogen weiter zum Kloster *San Giacomo de Muro Rupto.*

Nun sollte Angela ihren Auftritt bekommen. Als Buchautor erlebt man immer dann besondere Glücksmomente, wenn man seinem eigenen Buch begegnet. Zwei österreichische Pilgerinnen mit

Angelas Wanderführer in der Hand schienen nach irgendetwas zu suchen. Ohne die eigene Identität erkennen zu geben, sprach Angela die beiden an und erklärte ihnen den Weg zum Touristenbüro. Sie bedankten sich artig und wollten gleich weiterziehen. „Kennt ihr den Autor eures Wanderführers“, fragte ich die beiden. „Ja, das ist ...“, meinte eine von Ihnen – warf schnell noch einen flüchtigen Blick auf das Cover – „...Moment, da steht’s, Angela Seracchioli!“ Ich schaute den Damen tief in die Augen und zeigte auf Angela. „Sie steht gerade neben euch.” „Nein, das ist nicht möglich! Ist das wirklich wahr?”, kicherten sie, dass es von den Hauswänden perlte. Die Österreicherinnen waren begeistert und wollten sogleich ein Foto mit ihr machen. Als sie hörten, dass Angela im Begriff war, durch die Stadt zu führen, wollten sie sich spontan anschließen.

Wir betraten das dem Heiligen Jakobus geweihte Kloster, das auf den Ruinen einer römischen Tempelanlage erbaut wurde. Durch einen romanischen Kreuzgang gelangt man in die kleine einschiffige Kirche. Als besonders beeindruckend präsentiert sich der gepflegte, terrassenförmig angelegte Klostergarten. Bänke bezeugen, dass die Klosterbewohner nicht nur in der Anlage schufteten, sondern auch Zeit für Muße fanden. Sie wurden mit einzigartigen Ausblicken belohnt.

Beim Verlassen der Anlage drückte uns eine Nonne den wohl schönsten Stempel von ganz Assisi in den Pilgerpass.

Ein Schmuckstück: der Stempel von San Giacomo de Muro Rupto

Angela verabschiedete sich. Die Österreicherinnen zogen weiter.

Für eine gründliche Besichtigung der Stadt ist ein Aufenthalt von mindestens drei Tagen notwendig. Auf diese Weise ziehen die Sehenswürdigkeiten nicht flüchtig an den Augen vorbei, sondern lassen sich detailliert bewundern. Anderenfalls dürften von Assisi nur vage Erinnerungen bleiben.

Magischer Anziehungspunkt ist die monumentale Anlage der *Basilika San Francesco*. Die Kathedrale wurde im 13. Jahrhundert in mehreren Abschnitten errichtet. In Ober- und Unterkirche unterteilt, entspricht ihr Grundriss einem doppelten Tau.

Das Langhaus der Oberkirche ist mit einzigartigen Fresken ausgeschmückt, aus denen 28 Bilder mit Szenen aus der Franziskus-Vita hervorstechen. Die Malereien werden überwiegend Giotto zugeschrieben. Oberhalb davon schließen sich feinsinnige Szenen aus dem Alten und Neuen Testament an. Die drei Buntglasfenster in der Apsis gelten als die ältesten Glasmalereien Italiens. Das wechselhafte Spiel zwischen Licht und Malkunst fasziniert. Ein seltener Zauber von Farben wetteifert um die Gunst der Blicke, offenbart dem Besucher die absolute Schönheit des religiösen Bauwerkes.

Die Unterkirche wurde als Grabeskirche gebaut. Auch sie beeindruckt mit prächtigen Malereien und Bildzyklen. Das Grab des Heiligen liegt, eingemauert in einem Felsen, unter dem Altar. Dem Wunsch vieler Franziskus-Verehrer entsprechend, erteilte Papst Pius VII. im Jahre 1818 die Erlaubnis, das Grab freizulegen und es für die Öffentlichkeit zugänglich zu machen. Mehrere Treppenstufen führen seitdem von der Unterkirche in die Grabkammer hinab. Wer Lust dazu verspürt, kann neuerdings über eine installierte Webcam rund um die Uhr einen Blick auf die Ruhestätte werfen.

Der große Vorplatz der Unterkirche ist ein beliebter Sammelplatz für touristische Führungen. Um 14 Uhr schloss ich mich einem deutschsprachigen Rundgang mit Bruder Thomas an. Fachkundig geleitete der Franziskaner die Gruppe durch die Kirche, gab Einblicke in das Leben der aktuellen Bruderschaft, interpretierte zahlreiche Freskenmalereien, beleuchtete die Kirchengeschichte und verwies auf die schweren Deckenschäden in der Oberkirche, die das letzte Erdbeben in 1997 hinterlassen hatte.

Oben: Silhouette der Basilika San Francesco, Südansicht
Unten: Piazza, Eingang Unterkirche

Oben: Oberkirche, unten: Hauptaltar der Unterkirche

Mir war danach. Ich wollte die Führung nachwirken lassen und die Basilika auf eigene Faust ergründen. Der Ruf von Franziskus nach dem Weseler Pellegrino war unüberhörbar. „Ja, lieber Franziskus, ich komme! Wir wollten ja miteinander sprechen.“ Das hatte ich ihm im letzten Jahr bei meinem touristischen Besuch versprochen.

Ich ging zur Unterkirche. Wie ein Diadem verziert eine wie geschnitzt wirkende Rosette den Portalbereich, verleiht ihm einen künstlerischen Charakter. Die eingravierte Inschrift „Immerwährender vollkommener Ablass“ soll Trost spenden.

Rosette Eingang Unterkirche

Über zwei abwärts führende Treppen erreichte ich die Krypta. Gerührt blickte ich auf den säulenartigen, von einem schmiedeeisernen Geflecht eingefassten Sarkophag, der sich bis in die Ebene des Hauptaltars der Unterkirche hochschraubt. Ein Rundgang führt um den Steinsarg. In den Seitenwänden der Krypta sind vier Nischen eingelassen, in denen die Gebeine der treuesten Brüder Rufino, Angelo, Masseo und Leone ruhen.

Gedankenversunken kniete ich in einer Bank. Im Bewusstsein, ihn als Mittler zu Gott in Anspruch nehmen zu dürfen, versuchte ich Kontakt zum Heiligen aufzunehmen. Ich hoffte inständig, ihn zu erreichen. Im Geiste sprach ich zu ihm: „Lieber Franziskus, bitte gestatte mir, einige persönliche Worte an dich zu richten. Ich möchte mich nachdrücklich bedanken: für meine robuste Gesundheit, für jeden Millimeter meiner einzigartigen Wanderung, für die vielen Momente des Glücks und die wunderbaren Erlebnisse unterwegs. Wie einst deine so geliebten Vögel durfte ich frei sein, deine Heimat erkunden und mich geistig bei dir nähren. Manchmal hatte ich das Gefühl, dich in meinem Rucksack mitgetragen zu haben. Bitte lasse mich niemals los.“

Ob meine Gedanken den Kosmos in Lichtgeschwindigkeit bis zum Adressaten durcheilen konnten, bleibt ein offenes Geheimnis.

Ich ging zum Sarkophag, legte die zuvor gekauften Kerzen in einen Korb und kauerte mich auf eine Bank in der rechten Seitennische. Obwohl nicht erlaubt – man möge mir verzeihen –, wollte ich mit meinem Handy ein Foto machen. Nun passierte etwas, was als unbegreifliches Phänomen einzustufen ist. Als ich den Auslöser betätigen wollte, verwandelte sich das Display schlagartig in eine hellblaue Zone. Zunächst maß ich der Funktionsstörung keine Bedeutung zu, führte sie auf den mangelhaften Empfang in der Grabkammer zurück. Ich verharrte noch eine Zeitlang und ging zum Ausgang. Mein Handy streikte immer noch. Es ließ sich auch nicht mehr ausschalten. Nichts funktionierte. So langsam schwante mir Böses. War es eine „von oben" gesteuerte Strafe für mein Fehlverhalten? Hatte ich Franziskus mit meinem Vorhaben, sein Grab fotografieren zu wollen, gekränkt oder gar beleidigt? Innerlich machte ich mir Vorwürfe, als ich in Richtung Hotel ging, war im Begriff mich zu kasteien.

Kollege Zufall sollte wieder seine Hände mit im Spiel haben. An einem Souvenirshop fielen mir zwei junge Burschen auf, die mit ihrem Handy hantierten. „Die müssen Ahnung haben", redete ich mir ein und sprach sie an. Sie kamen aus Argentinien. Ich zeigte ihnen mein Handy und erklärte ihnen das Problem. Der eine nahm das „Sorgenkind" in die Hand, drückte zwei Knöpfe auf einmal und zauberte das verloren gegangene Display wieder zurück. Ich war entzückt. „Unbelievable, thank you so much", sprudelte es aus mir heraus. Ich nahm den Handyretter in die Arme, drückte ihn fest und bedankte mich abermals. Bestimmt hatte mir Franziskus inzwischen verziehen und mir die beiden beschert.

Was doch das neu gewonnene Handyglück ausmachen kann! Erleichtert, vielleicht sogar beschwingt, lief ich zur *Basilika Santa Chiara*, der Kirche der Heiligen Klara. Franziskus legte ihr im Jahre 1212 die franziskanische Kutte an und weihte sie zu einem Leben in Buße. Kurz darauf ging sie in das Kloster San Damiano und gründete dort den Klausurorden der „Armen Schwestern", der nach ihrem Tod 1253 in „Klarissenorden" umbenannt wurde.

Das Originalkreuz von San Damiano, welches zu Franziskus sprach

Das Gotteshaus ersetzte die Kirche San Giorgio, in der der Leichnam des Heiligen Franziskus bis zu seiner Umbettung in der Unterkirche der großen Basilika fast vier Jahre lang beigesetzt war.

Das Kircheninnere präsentiert sich sehr einfach. Es besteht aus einem einzigen gotischen Schiff mit Kreuzgewölben. Zu den Kostbarkeiten zählen insbesondere das Kreuz aus dem Kloster San Damiano und die Krypta mit den Gebeinen der Heiligen Klara.

Ich machte mich auf den Weg nach San Damiano. Die Teilnahme an der 19-Uhr-Messe war mir ein großes Bedürfnis. Leider fiel sie wegen einer internen Veranstaltung aus.

Ich eilte wieder den langen, anfangs beschwerlichen Weg zur Franziskus-Basilika zurück. Auch hier sollte um 19 Uhr eine Messe stattfinden.

Etwa 30 Franziskaner und die gleiche Anzahl von Besuchern reihten sich in die Bänke der Unterkirche ein. Womöglich lag es an der unvergleichlichen Atmosphäre, vielleicht war die harmonische Mischung von Gesang und instrumentaler Begleitung dafür verantwortlich. Gleich beim ersten Taizé-Lied *Adoramus te domine* wurde mir richtig warm ums Herz. Wie von einem Heizstrahler reflektierten die Klänge in das Gewölbe, suchten ihr Ziel, drangen tief in mich ein. Der Gesang der Stimmen war betörend, der Gesang der Herzen glich der Stimme des allmächtigen Himmels.

Viele schöne Taizé-Lieder folgten. Diese Gesangsmesse bleibt wie Klebstoff an meiner Seele haften. Ich werde sie nie vergessen. Fraglos einer der schönsten Momente meiner Wallfahrt.

Mein erster Tag in Assisi. Die Stadt empfing mich als einen willkommenen Gast, Besucher, Pilger, Christen, Neugierigen, Spurensucher und Franziskus-Verehrer. Egal in welche Rolle ich schlüpfen mochte, ich fühlte mich von ihr getragen. Assisi hat so unendlich viele reizvolle Facetten zu bieten. Meine hoch gesteckten Erwartungen wurden weit übertroffen. Man könnte es auch anders formulieren: dieser Tag hatte es in sich, ich war voll auf meine Kosten gekommen.

14
Tag zwei in Assisi, 15. Mai

Keine Fortschritte. Keine Besserung. Keine Hoffnung. Martin schmiss das Handtuch. Er kapitulierte.
Weder die Nacht noch Salben halfen. Die Schmerzen im Knie hatten den Kampf gewonnen. Aus und vorbei! Martin fällte die einzig richtige Entscheidung: den Abbruch seiner Wallfahrt.

Nach dem gemeinsamen Frühstück wollte er in einem Reisebüro seine Abreise organisieren. Wie es sich gehört, bot ich ihm an, ihn bis zur Bushaltestelle zu begleiten und seinen schweren Rucksack zu tragen. Bis dahin war noch ein wenig Zeit.

Geschenke kommen immer gut an. Sofern sie dem Beschenkten als sinnvoll erscheinen. Aber was ist sinnvoll? Und was wird als kitschig empfunden? Die Souvenirläden bieten alles von A wie Ansichtskarten bis Z wie Zinnbecher. Wohl dem, der einen klar strukturierten Einkaufsplan besitzt.

Wer ein breit gefächertes Sortiment von Souvenirstücken sucht, ist im Verkaufsladen der Basilika San Francesco gut aufgehoben. Hier kaufte ich ein Dutzend kleiner Holz-Taus. Für meine Lieben daheim wechselte das Material. Und die Farbe. Ein Gold-Fachgeschäft auf der Via San Francesco hielt – sehr zu meinem Gefallen – eine große Auswahl handgeschmiedeter Taus vor. Hier langte ich zu, was bei meiner Geldbörse Schnappatmung auslöste.

Auf dem Rückweg zum Hotel begeisterte mich ein Straßenmusikant mit einem bekannten Lied aus den 60er Jahren. *Whiskey in the Jar* von *Thin Lizzy* war seinerzeit ein Welthit. Und stand bei mir immer noch hoch im Kurs. Ich blieb stehen und lauschte seinen Klängen bis zum letzten Akkord. „Can I play a song on your guitar?“, fragte ich ihn freundlich. „Yes, of course”, antwortete er wie selbstverständlich. Ich schnappte mir seine Gitarre und legte los. Gefühlvoll streichelte ich die Saiten und sang *Nights in white Satin* von den *Moody Blues*. Im Kerngebiet von Assisi auf der Gitarre ein Lied spielen zu dürfen, für mich ging ein Traum in Erfüllung! Ob ich den Tauben auf den Dächern imponieren konnte, haben sie mir nicht verraten. Eine Gruppe vorbeiziehender Franziskaner schenkte mir keine Beachtung, ließ mich links liegen. Offensichtlich konnte ich sie mit meinem Gesang nicht beeindrucken. Beifall erwartete ich ohnehin nicht. Aber, ein kurzer Aufblick oder ein verschmitztes Augenzwinkern hätte gutgetan. Wenigstens Stefano spendierte mir zum Schluss einen anerkennenden Applaus.

Stefano war Italiener. Seine Freiheit war ihm wichtig. Um sich seinen Lebensunterhalt verdienen zu können, zog er im Sommer von Stadt zu Stadt. In der Winterperiode schlug er sich mit Gelegenheitsjobs durch. Kein einfaches Leben. Aber nach seinem Verständnis ein glückliches Leben. So schön die Unabhängigkeit auch sein mochte, sie hatte bestimmt ihren Preis.

Martin stand schon mit geschnürtem Rucksack bereit, als ich an die Zimmertür klopfte. Es war mir eine Ehre, meinem angeschlagenen Pilgerfreund einen tragenden Dienst zu erweisen und ihn bis zur Bushaltestelle an der Piazza Matteotti zu begleiten. Der Bus kam pünktlich. Mit einer herzlichen Umarmung verabschiedeten wir uns voneinander. Wie ich in einem späteren Telefonat erfuhr, litt er unter einer durch Überlastung hervorgerufenen akuten Überreizung seiner Kniesehnen. Das Knie verlangte eine mehrwöchige Schonung – und einen deftigen Krankenschein.

Wer die Einsiedelei *Eremo delle Carceri* besichtigen möchte, der begebe sich hoch hinaus. Genaugenommen knapp 400 Höhenmeter hoch auf den Monte Subasio. Der Aufstieg erfolgt größtenteils entlang einer serpentinenartigen Straße. Die Mühe wird zwischendurch und am Ende generös mit schönen Blicken in die umbrische Tiefebene belohnt. Im dichten Eichenwald wartet der kleine Klosterbau in einer steilen Waldschlucht auf seine Besucher.

Unterhalb der Kapelle befindet sich die Grotte, in der Franziskus oft meditierte, den Dialog mit Gott suchte und fastete. Hinter der Klosteranlage, inmitten der bewaldeten Hänge, existieren weitere Grotten, in denen sich Franziskus und seine Gefährten in aller Stille zum Gebet zurückzogen.

Ein eindrucksvoller Weg führt in den Wald, wo die uralte Steineiche wurzelt, in deren Geäst sich viele Vögel niederließen, um der Predigt zuzuhören, die der Heilige an sie richtete.

Eremo delle Carceri / Bronzeskulptur: Franziskus auf dem Boden

Rund zwei Stunden widmete ich mich der sehenswerten franziskanischen Stätte. Eine gut investierte Zeit.

Auf dem Rückweg streifte ich eine schöne Bar, der ich nicht widerstehen konnte. Ich bestellte mir einen Insalata mista. Er wurde zusammen mit einer Kollektion von Gewürzen serviert: Salz, Pfeffer, Öl, Balsamico. Ich griff zu. Schade nur, dass sich ein ungezogener Balsamicotropfen auf meine helle Hose verirrte. Herrjeh! Ein Schandfleck auf meiner Hose! Das gefiel weder mir noch meiner eitlen Hose. In einem Anflug geistiger Umnachtung packte ich mir die rote Serviette und marschierte zur Toilette. Ein wenig Seife, die Serviette leicht befeuchtet, sanfte Kreiselbewegungen sollten helfen, dem braunen Fleck den Garaus zu machen. Der Plan misslang. Und wie! Jetzt kam erst richtig Farbe ins Spiel. Die Serviette brannte sich mit ihrer roten Dominanz in die unschuldige Hose ein. Und das für alle Zeiten. Zu Hause starb sie nach hartem Kampf in der Waschmaschine den Farbentod.

Der Dom *San Rufino* war die letzte Station meines heutigen Besuchsprogrammes. Er ist nicht nur wegen seiner architektonischen Linien von herausragender Bedeutung. Auch die franziskanische Geschichte ist mit ihm eng verankert. U.a. befindet sich hier der Taufstein, über dem Franziskus und Klara getauft wurden.

T

15
Tag drei in Assisi / Rückfahrt nach Florenz, 16. Mai

Gerne hätte ich den Sonnenuntergang verhindert oder ihn zumindest eine Zeitlang angehalten. Unbeschreiblich schön überzog ein tiefes Rot-Orange den westlichen Himmel und reflektierte sich in einem abwechslungsreichen Farbenspiel auf den verwitterten Steinen von Assisi.

Während die Sonne langsam niedersank und sich von der Dunkelheit ablösen ließ, saß ich bei einem guten Glas Chianti auf der Hotel-Terrasse. Wohl zu keiner anderen Tageszeit wird einem das Tempo der Lebenszeit bewusster. Ich musste mich kneifen. Ja, es war der letzte Abend meiner Wallfahrt.

Irgendwie wollte ich es nicht wahrhaben, spürte das tiefe Verlangen nach einem Aufschub. Ich musste mich erneut kneifen. Nein, es gibt keine Verlängerung, nicht jetzt, aber es gibt eine Fortsetzung! Ich hatte erst eine Halbzeit lang „gespielt". Der Franziskusweg geht ja noch weiter bis nach Rieti. Fortsetzung folgt! Egal, ob im nächsten oder übernächsten Jahr. Ich komme wieder! Nie wird der Franziskusweg aufhören, in meinem Herzen zu fließen. Nie!

Der Wecker schellte. Ich blieb noch etwas liegen, dachte nach. An daheim, an meine Familie. Sehnsucht erfüllte mich. Wie schön ist es doch, wenn jemand auf einen wartet und man mit offenherzigen, warmen Armen empfangen wird.

Auch San Damiano wartete auf mich. Nach dem Frühstück und noch ohne Rucksack, den ich im Hotel deponieren konnte, machte ich mich auf den Weg.

Versteckt am Abhang unterhalb von Assisi, in einer Umgebung zauberhafter Natur, inmitten von Olivenhainen und abseits des Touristenstroms, liegt *San Damiano*. Das kleine Kloster ist eines der wichtigsten und ursprünglichsten franziskanischen Heiligtümer. Hier fasste der noch junge Franziskus an einem Herbsttag des Jahres 1205 den Entschluss, seinem bisherigen Leben eine entscheidende Kehrtwende zu geben. Genaugenommen wurde an diesem denkwürdigen Ort das außergewöhnliche Buch der franziskanischen Geschichte aufgeschlagen.

Voller Ehrfurcht betrat ich die Klosteranlage. Die Schlichtheit, das Nüchterne, das Schnörkellose der Stätte ist mit der franziskanischen Ursprünglichkeit ganz eng verwoben. Das Ärmliche wirkt, das Mindersein fasziniert. Je länger man hier verweilt, umso mehr mutiert die Gegenwart zur Vergangenheit – und umgekehrt. Ob Fresken, Fenster, Chorgestühl oder Kreuzgang, alle Zeugnisse früherer Zeiten sind gut erhalten. Bei dem Gedanken könnte es einem mulmig werden: War er nicht gestern noch hier? Ist Franziskus mal wieder unterwegs? Wann kommt er endlich zurück? Hier in der Wiege der Franziskaner kommuniziert die franziskanische Spiritualität mit der eigenen auf wundersame Weise.

Als ein Herzstück des Klosters gilt die Kirche der Bekehrung des Heiligen. Aus dem über dem Altar positionierten syrisch-byzantinischen Kreuzbild erreichte ihn Gottes barmherzige Stimme, die sein Leben fundamental verändern sollte.

Franziskus übergab 1211 die Klosteranlage an die erst 17-jährige Assisanerin Klara, die sich, wie auch Franziskus, von allen weltlichen Besitztümern lossagte und sich einem Leben in Armut und Buße nach dem Vorbild der Gottesmutter Maria verschrieb. Sie gründete die Schwesterngemeinschaft der „Armen Frauen“, in der auch ihre eigene Schwester Agnes Zuflucht fand. Klara blieb bis zu ihrem Tod im Jahre 1253 der heiligen Stätte verhaftet.

Im Jahre 1225 kümmerten sich Klara und ihre Schwestern über mehrere Wochen aufopferungsvoll um Franziskus, als er, von schwerer Krankheit gezeichnet, aus der Glut seines Herzens den berühmten *Sonnengesang,* ein Gedicht von vollendeter Lyrik und höchster Spiritualität, verfasste.

Nach seinem Tod brachten seine Brüder den Leichnam am 4. Oktober 1226 nach San Damiano, damit Klara und ihre Ordensschwestern sich von ihm verabschieden konnten.

Die Räume, in denen Klara mit ihren Gefährtinnen in radikaler Armut lebte, sind an Kargheit kaum zu übertreffen. Hingegen ist das Oratorium, das sich im Winkel von Schlafsaal und Krankenstation befindet, mit prächtigen Fresken, die insbesondere Szenen aus dem religiösen Leben von Klara und ihrer Schwestern widerspiegeln, geschmückt.

Der Kreuzgang ist Prunkstück und optischer Blickfang zugleich. Am besten, man begibt sich in die erste Etage. Ein Vorzugsplatz mit Logencharakter. Von dort erhält man einen umfassenden Überblick über die Dimension der Klosteranlage.

Santuario San Damiano: Blick auf die Klosteranlage und den Kreuzgang

Von den Eindrücken beseelt, machte ich mich auf den Rückweg zum Hotel. So langsam schaltete ich auf Abschiedsmodus um.

Mit geschultertem Rucksack lief ich – vorbei an der Kathedrale San Rufino – zur Piazza Matteotti. Dort bestieg ich den Bus, der mich zur Bahnstation brachte. Der Direktzug nach Florenz sollte mich noch rund eine Stunde warten lassen. In der Medici-Stadt wollte ich noch einige touristische Tage verbringen.

Der Zug kam. Ich stieg ein und pflanzte mich gedankenversunken auf einen Zweiersitz. Spätestens hier versuchte ich innerlich meine „Pilgerkutte“ abzustreifen. Meine Wallfahrt war zwar beendet, im Innersten meines Herzens war ich dennoch unterwegs. Unterwegs auf einem Weg mit bunten Blumen, flatternden Schmetterlingen, sattgrünen Hochwiesen, silbrig glitzernden Olivenhainen, glutrot angehauchten Bergflanken. Beschenkt mit den frischen Düften von Freiheit, Pathos und Stille. La Verna, der heilige Berg mit dem Felsenkloster, schälte sich aus dem Abseits. Der flüsternde Wasserfall von Montecasale plätscherte in meinen Ohren. Gubbio, die schönste mittelalterliche Stadt Italiens, öffnete nochmals ihre Stadttore. Die Natur breitete zum letzten Mal ihr Hochzeitskleid aus. Bella Italia!

Bin ich etwa verliebt? Verliebt in das Land mit dem Stiefel? Ich bekenne mich zu einem leidenschaftlichen Ja!

Ein Ende meiner Begeisterung ist nicht in Sicht. Die Frage ist eigentlich genauso überflüssig wie eine Blase unter den Füßen: Wo werde ich wohl demnächst wieder meine Wanderstiefel schnüren?

Das Ticket dorthin ist bereits gebucht.

Nachwort – Franziskus folgt Franziskus

Den Plan Gottes entschlüsseln, das konnte selbst Franziskus nicht. Kein Mensch wird dazu jemals in der Lage sein. Allerdings, der Poverello macht den Unterschied aus: Er durfte daran schnuppern. Der Empfang der Wundmale Christi gleicht einem Ritterschlag Gottes. Eine ihm verliehene höchste Anerkennung, eine besondere Auszeichnung.

In seiner Epoche wurden mindestens zwei neue Sterne geboren: die Nächstenliebe und die Barmherzigkeit. Auf beiden hat Franziskus eine neue Heimat gefunden. Sorgenvoll wird er mit seinem Weltraumteleskop auf uns blicken und mit Kummer manche Entwicklung seiner Nachwelt kritisch beobachten.

Wir dürfen uns sicher sein: Der Heilige kann unsere Bestimmung nicht ändern, aber er wird sich auf unsichtbare Weise für den Fortbestand einer besseren Welt einsetzen. Eines seiner Vermächtnisse ist wohl die himmlische Entsendung eines hochgeschätzten Namensvetters: Papst Franziskus. Ein Hoffnungsträger auf dem Stuhl Petri mit dem Profil eines Reformers.

Wie Franz von Assisi kennt und sieht der neue Papst das Leben der Armen und Benachteiligten. Sie waren dem Jesuiten schon während seiner gesamten Kirchenlaufbahn ein Anliegen. Als er noch Geistlicher in Argentinien war, wusch er Aids-Kranken die Füße. Ähnlich wie bei seinem Vorbild sind Armut, Barmherzigkeit und Genügsamkeit die großen Leitmotive seines Pontifikats.

Der Papst lebt seine Bescheidenheit bis auf die Räder. Nicht nur, dass er auf die standesgemäße S-Klasse von Mercedes verzichtet und sich mit einem gebrauchten Ford Focus kutschieren lässt. Bis heute weigert er sich eine Wohnung in der ihm zustehenden Residenz im Apostolischen Palast zu beziehen. Stattdessen lebt er in einem schlichten Appartement des Gästehauses Santa Maria.

Papst Franziskus ist wie der Heilige selbst ein leuchtendes Beispiel vorgelebter Authentizität. Privilegien lehnt er ab. Sein Essen nimmt er im großen Speisesaal mit Priestern, Studenten und Besuchern ein. Humorvolle Einlagen sind ihm dabei nicht abhanden gekommen. Als ein junger Kardinal das Kirchenoberhaupt einmal förmlich ansprach. „Heiliger Vater, darf ich mich zu Ihnen setzen?“, antwortete der Papst in einfallsreicher Weise: „Aber bitte doch, heiliger Sohn.“

Ob die unplanmäßige Öffnung der Heiligen Pforte oder seine Äußerungen zur Empfängnisverhütung, der Argentinier bricht mit Traditionen und ermuntert zur Abwägung. Damit macht er sich im Innenverhältnis mit seinen Kardinälen keine Freunde. Im Gegenteil. Spätestens seit seiner massiven Kritik während einer Brandrede in 2014, wo er der Kurie Habgier, gottlosen Bürokratismus, Egoismus und Karrieresucht vorwarf, stößt er bei seinen inzwischen zahlreichen Widersachern auf Ablehnung.

Im Oktober 2013 pilgerte der Pontifex ehrfürchtig zum Grab seines Namensgebers nach Assisi.

Sollte er jemals den Franziskusweg betreten, wäre die mediale Beachtung enorm. In Windeseile gingen die Bilder um die Welt. Ohne sich wehren zu können, würde der schläfrige Weg schlagartig ins Rampenlicht gerückt. Ein unheilvoller Hype käme in Bewegung und zöge Massen von Menschen an. Einsamkeit und Stille? Sie könnten zur Legende werden.

Die von Franziskus so geliebten Vögel pfeifen es bereits von den Dächern: So oder so, der Weg wird eine prosperierende Entwicklung nehmen, seine Attraktivität wird sich herumsprechen und Jahr für Jahr größere Pilgerscharen anziehen. Der Aufstieg in die Championsleague der europäischen Wanderwege ist ohnehin so gut wie gelungen. Wer ihm in seiner jetzigen Jungfräulichkeit begegnen möchte, der sollte sich beeilen.

Darf ich mich glücklich schätzen? Ja, absolut! Alles passte während meiner Wallfahrt: der Zeitpunkt, das Zeitmaß, das Wetter, meine Befindlichkeit. Ich durfte den Hauptdarsteller Franziskus und seine Nebendarsteller – Stätten und Städte seines Wirkens – detailliert kennenlernen. Ich durfte den Weg schmecken, durfte mich an ihm neu erden und laben. Ich durfte Gast in einer einzigartigen Kulisse sein. Und ich durfte vorübergehend wieder in die schönste Rolle meines Lebens schlüpfen: in Demut Pilger sein.

Hommage an meine Beine

Liebe Beine,

die ihr meinem Körper anhängig seid. Ihr werdet von einem dominanten Hirn, eurem Herrn und Gebieter, gesteuert. Leider betrachtet er euch nur als zweckdienliche Werkzeuge. Gewiss kein einfaches Schicksal. Ihr werdet selten geschont, umso mehr gefordert. Wahrlich, ihr habt es nicht leicht. Wenn ihr müde seid, werdet ihr angepeitscht. Wenn ihr klagen wollt, so bleibt euer Flehen ungehört. Gegen das Gewicht des Rucksacks dürft ihr nicht aufbegehren, das geziemt sich nicht. Widerspruch wird grundsätzlich nicht geduldet. Schließlich seid ihr nur Befehlsempfänger. Ihr habt zu gehorchen. Der Wille des Hirns ist Gesetz. Und vor dem Gesetz sind alle Körperteile gleich. Privilegien sind demnach nicht vorgesehen. Nach getaner Arbeit könnt ihr Ruhe und Pflege einfordern. Es gilt: Wenn der Geist schläft, habt ihr euch zu erholen. Morgens steht ihr stets als erste auf und tragt euren Herrn zur Erfrischung in die Dusche. Eine ehrenvolle Aufgabe!

Danke, liebe Beine, dass ihr mich tragt und ertragt. Ich bin glücklich, dass ich euch habe. Ihr seid großartig! Bleibt mir gewogen bis zum Ende aller Zeiten!

Sonnenlied

Ich treff auf Bruder Sonne, der uns Menschen sanft umschließt,
gibst uns jene Wonne, die in die Seele fließt.
Ich treff auf eine Landschaft, die die Vögel zwitschern lässt,
sie lieben ihre Freiheit, weiße Taube, flieg!

Refrain: Weiße Taube, flieg, hoch in den Himmel hinein,
grüß die Erde lieb und lass mich nicht allein,
nimm mich mit in dein Nest und lass mich nie mehr los,
weiße Taube, flieg, bin jetzt schwerelos.

Ich treff auf Bruder Sonne, der der Erde Wärme gibt,
lässt die Blumen sprießen, wie im Paradies.
Ich treff auf Schwester Sterne, die die Dunkelheit erhellt,
funkeln aus der Ferne, senden sich in die Welt.

Refrain

Ich treff auf Schwester Wasser, die die Trockenheit besiegt,
schenkt uns ihre Nässe, danke, dass es sie gibt.
Hörst du, liebe Taube, die Botschaft aus diesem Lied?
Gib uns Menschen Hoffnung, solange es uns noch gibt.

Refrain

Weiße Taube, sag, wovon träumst du heute Nacht?
Genießt du deine Freiheit und fliegst zum Abendstern?
Bewegt dich sehr das Sonnenlied, hast du es nicht gern?

Nützliches, Wissenswertes über den Weg

Was macht den Franziskusweg so faszinierend?

Wohl jeder besitzt die Sehnsucht, der sinnlosen Alltagshast und der alle Kräfte überfordernden Komplexität des Lebens zu entfliehen, sich zu entschleunigen und in extremen Situationen selbst zu erfahren. Wo sonst, als auf dem Franziskusweg, findet man idealere Rahmenbedingungen dazu?

In der Summe machen nicht der Weg an sich, sondern die Mystik der franziskanischen Geschichte und die Menschen, die auf ihm wandern, die Besonderheit dieses Pilgerweges aus. Für die meisten ist er eine Erfahrung, die sie ihr ganzes Leben nicht vergessen werden. Das Eintauchen in Landschaft und Kultur, eine Stille wie extra für die Seele geschaffen und die Begegnung mit Pilgern aus aller Welt sind mit nichts zu vergleichen.

Der Franziskusweg belohnt nicht erst am Ende, sondern von Anfang an und fortlaufend während der ganzen Reise. Genau genommen ist er ein Eroberungsinstrument, um sich im Südpol unserer Herzen dauerhaft einzuigeln.

Welche besonderen Tücken hat der Weg?

Wenngleich die Landschaft in jedem Schönheitswettbewerb einen Spitzenplatz erobern würde, so sind fast alle Etappen anstrengend. **Ganz wichtig**: Auf den **ersten beiden Etappen** gibt es unterwegs keine Einkaufsmöglichkeiten. Bitte nehmen Sie unbedingt genug **Wasser** mit! An heißen Tagen benötigen Sie mindestens **zwei**, besser **drei** Liter Flüssigkeit. Tipp: Wenn Wasser zu sehr nach Wasser schmecken sollte, können Sie eine Zitrone aufschneiden und den Saft in die Flasche träufeln lassen.

Die zweite Etappe hat es speziell wegen ihrer Steigungen in sich. Wenn Sie – so wie ich – von Pieve Santo Stefano nach Montagna wandern möchten, ist ein Start in der Frühe, nicht nach 8 Uhr, empfehlenswert. Insbesondere dann, wenn Sie noch den lohnenswerten Abstecher zum Kloster Cerbaiolo machen möchten.

Welche körperlichen Voraussetzungen sind erforderlich?

Unterwegs lernt man schnell sich und seine Grenzen kennen und muss sie möglicherweise korrigieren. Sportlichkeit ist sicherlich von Nutzen, aber keineswegs von elementarer Bedeutung. Sportlich veranlagte Pilger laufen oftmals schneller und schaffen einige Kilometer mehr am Tag. Aber auch weniger sportliche, untersetzte oder übergewichtige Pilger schaffen ihr Pensum. Die wesentlichen Grundvoraussetzungen sind ein starker Wille, Ausdauer, eine physische Grundfitness und die Bereitschaft, sich auch mal zu quälen.

Wie kann man sich gegen Blasen schützen?

Blasen gehören zu den größten Feinden des Wanderers. Sie von Anfang an zu vermeiden, sollte das unbedingte Ziel sein. Von überaus großer Bedeutung ist das Schuhwerk. Gute, eingelaufene Wanderschuhe lassen Blasen erst gar nicht entstehen. Sobald sich eine Reibung, an welcher Stelle auch immer, bemerkbar macht, sollte sofort ein passendes Blasenpflaster eingesetzt werden.

Vorbeugung ist besser als Nachsorge! Einmal entstandene Blasen sind eine absolute Pein und können das Wandern erheblich beeinträchtigen oder im schlimmsten Fall auch verhindern. Sollten sich die Blasen in Ermangelung einer nicht sterilen Erstversorgung entzünden, ist ärztliche Hilfe erforderlich. Als sehr nützlich erweist sich das regelmäßige Eincremen der Füße schon Wochen vor und während der Wanderung – am besten nach dem Duschen – mit Hirschtalgcreme. Die Haut wird und bleibt durch die regelmäßige Anwendung sehr geschmeidig und hält insofern auch mehr aus, ist wesentlich strapazierfähiger.

Also, unbedingt genügend Blasenpflaster einpacken! Der Handel bietet Sortimentspackungen mit verschiedenen Pflastergrößen an.

Welches Schuhwerk ist zweckmäßig?

Oftmals wird in Fachgeschäften zu hohen Wanderschuhen geraten, was im Prinzip auch nicht falsch ist. Nicht ganz so hohe Trekkingschuhe sind aber eine bessere Idee. Ich rate dazu, auf Ergänzungsschuhe, nämlich gute, halt bietende und mit einem tiefen Fußbett ausgestattete Sandalen, nicht zu verzichten. An heißen Tagen und auf ebenen Tagesetappen sind sie eine fußfreundliche Wohltat.

Welche Kleidung ist ratsam?

Grundsatz: Die Lagen-Bekleidung nach dem Zwiebelprinzip ist genau die richtige Taktik. Eine leichte Wanderhose, deren Hosenbeine durch einen Reißverschluss von der Hose getrennt werden können, ist ideal. Gute Wandersocken sind Pflicht. Eine Fleecejacke schützt vor Kälte und kann auch nachts als Ergänzung zur Decke oder zum Schlafsack genutzt werden. Von großer Bedeutung ist eine leichte, atmungsaktive, möglichst wasserdichte Trekkingjacke mit vielen Taschen und Reißverschlüssen. Als Unterwäsche bietet sich mindestens eine Garnitur Merino-Funktionsunterwäsche an, die sich besonders geruchsneutral verhält und sehr angenehm zu tragen ist. Ob man auf schnell trocknende Funktionsshirts zurückgreift oder die bewährten T-Shirts aus Baumwolle einpackt, ist eine Geschmacksfrage. Als Kopfbedeckung bietet sich ein Stroh- oder Wetterhut an. Für Regentage sollte ein großer Regenponcho mit einer Rucksackbeule mitgeführt werden.

Was ist beim Kauf eines Rucksacks zu beachten?

Die Frage des Rucksacks sollte hohe Priorität genießen. Maximales Vergnügen bereitet der Rucksack nur, wenn man mit einem wirklich guten Exemplar ausgestattet ist. Entscheidend ist nicht nur, dass er aus strapazierfähigen Materialien gefertigt wurde, sondern auch auf die eigenen Bedürfnisse zugeschnitten ist. Zweckmäßigkeit und Größe sind hier die wichtigen Stichwörter. Empfehlenswert für Männer sind Rucksäcke mit einem Fassungsvolumen von 50 Litern und für Frauen von 40 Litern. Das Eigengewicht sollte so gering wie möglich sein, denn jedes Gramm ist wichtig. Die Firmen Deuter (z.B. Modell Act Lite 50) und Osprey (z.B. Modell Atmos 50) stellen 50-Liter-Rucksäcke mit einem extrem geringen Eigengewicht von etwa 1.500 Gramm her. Wichtig ist auch die Funktion und genaue Einstellung der Riemen. Hier sollte man auf das

Wissen eines Fachverkäufers zurückgreifen und sich einweisen lassen.

Wie schwer darf ein Rucksack sein?

Die Band Silbermond weiß es am besten: „denn es reist sich besser mit leichtem Gepäck". Wie wahr! Der überflüssige Ballast, der so trefflich in ihrem Hit „Leichtes Gepäck" in Szene gesetzt wird, ist nicht nur im wirklichen Leben ein Problem.

Aus der Sicht eines Reisenden sollte der Ballast bzw. das Gesamtgewicht des Rucksacks einem strengen „Diätplan" unterliegen. Jedes mitzuführende Teil sollte überdacht werden und auf den Prüfstand kommen. Im Zweifel lieber ein Teil weniger mitnehmen. Die Packliste auf den Seiten 156 und 157 dürfte eine wichtige Planungshilfe sein. Zu bedenken ist auch, dass der Rucksack, morgens mit Proviant beladen, etwa zwei Kilogramm mehr als abends wiegen kann. Als Orientierungslimit (morgens) gilt: Männer max. 13 Kilo und Frauen eher 9 Kilo.

Welche Jahreszeit ist geeignet?

Allgemein beeinflusst submediterranes Klima sowohl das umbrisch-toskanische Flachland als auch die hügligen Regionen. In den Frühlingsmonaten März und April können die Temperaturen tagsüber durchaus bis auf 23 Grad steigen. Die Monate Juni, Juli und August garantieren eine langanhaltende Wetterstabilität. Allerdings ist diese Zeitperiode garantiert schweißtreibend. Die Tagestemperaturen können schnell bis auf 38 Grad steigen. Die Monate Oktober und November sind die regenreichste Jahreszeit.

Als beste Reisezeit erweist sich allgemein der Frühling oder der Spätsommer/Herbst. Wer die Schönheit einer aufwachenden Natur erleben möchte, der wandert am besten im April oder Mai. Wer lieber duftendes Heu oder die gereiften Weintrauben der Toskana schätzt, dem seien die Monate September oder Oktober zu empfehlen. Als Hauptwanderzeit gilt der Zeitraum von Juni bis September. Gerade in den Hochsommermonaten Juli und August sind viele Italiener unterwegs. In diesen Monaten könnte es mit Blick auf die begrenzten Bettenkapazitäten auf manchen Etappenabschnitten zu Engpässen kommen.

Welche Unterkunft ist ideal?

Die persönliche Einstellung ist letztendlich entscheidend. Einige Pilger bevorzugen lieber eine organisierte Tour. Die Unterbringung erfolgt dann ausschließlich in Hotels und die Gepäckstücke werden etappenweise jeweils zum nächsten Hotel befördert. Eine Art von Pilgern deluxe. Viele Pilger meiden die Einfachheit und die Unbequemlichkeit der Klöster oder Herbergen – Stichwort Schlafsaal – und entscheiden sich generell für Pensionen oder Hotels. Der weitaus größte Teil der Wallfahrer nutzt jedoch die Klöster bzw. Herbergen. Sie sind nicht nur Bauten von funktionaler und rationaler Einfachheit, sondern auch ideale Orte für Begegnungen, Austausch und Völkerverständigung.

Wie viel Zeit sollte man einplanen?

Die Wanderstrecke von La Verna bis Assisi umfasst rund 200 km. Für die gesamte Entfernung sollte man im Idealfall 11, im Minimalfall 9 Wandertage veranschlagen. Sowohl Florenz als auch Assisi sind hochgradig sehenswert und es wäre schade, diesen besonderen Städten weniger als zwei volle Tage Aufmerksamkeit zu schenken. Mit Besichtigungstagen, der aufwendigen An- und Abreise wären 2 ½ Wochen der Idealfall. Insbesondere ältere Wanderer sollten individuelle Zeitfenster für Müdigkeit, Unwohlsein oder Krankheit berücksichtigen. Verweiltage in attraktiven Städten (z.B. Sansepolcro, Cittá di Castello oder insbesondere Gubbio) dienen der Entspannung und bieten dem Körper eine willkommene Erholungspause.

Wie lang sollten die Tagesetappen sein?

Seine Kräfte richtig einzuschätzen und sich nicht zu überschätzen bedeutet während der Wallfahrt eine große Herausforderung. Mitunter macht man die schmerzvolle Erfahrung, wie erschöpfbar die eigenen Ressourcen sein können. Etappenziele kann man sich nicht erkaufen, man muss sie sich das ein oder andere Mal hart erarbeiten und bezahlt mit Anstrengung, Mühe und Schweiß. Umso wichtiger ist es, sich die tägliche Strecke richtig einzuteilen und seinen Körper nicht zu überfordern. Überforderung führt zu großer Erschöpfung und einer Übersäuerung der Muskeln. Der schmerzhafte und unangenehme Muskelkater kommt meistens am nächsten Tag unbarmherzig zum Vorschein. Aller Anfang ist schwer. Nach dem Motto „weniger ist mehr" sollten zu Beginn – wenn möglich – kleinere Etappen von 15 bis 20 Kilometer stehen. Nach einigen Tagen wird sich der Körper an die Strapazen gewöhnen und entsprechende Muskeln aufbauen. Dann kann die Laufdauer erhöht werden. Täglich 25 Kilometer und mehr dürften dann für die meisten kein Problem bedeuten. Die Laufgeschwindigkeit ist von der individuellen Laufkonstitution abhängig.

Wem die Etappen als zu anstrengend erscheinen, kann sie alternativ teilweise auch mit dem Bus zurücklegen (z.B. Pieve Santo Stefano–Sansepolcro, Sansepolcro–Città di Castello, Città di Castello–Pietralunga, Pietralunga–Gubbio, Gubbio–Assisi).

Sollte man alleine, zu zweit oder mit mehreren laufen?

Das persönliche Profil und die persönliche Einstellung sind letztendlich entscheidend. Auf meinen vielen Wanderungen auf diversen Jakobswegen habe ich alle unterschiedlichen Laufformationen kennengelernt. Paare zählen eher zur Minderheit. Gelegentlich begegnen einem Wandergruppen, die sich entweder von Anfang an kennen oder erst auf dem Weg kennenlernen. Der weitaus größte Teil der Wanderer bevorzugt es, alleine zu gehen. Der spirituelle Genuss in Verbindung mit dem qualitativen Erlebnis in der Natur ist als Einzelwanderer aus eigener Erfahrung ungleich höher einzuschätzen als die Wanderung zu zweit oder zu dritt. Nur wer den Cammino alleine geht, erfährt auch seine wohlbehüteten Geheimnisse!

Eines ist gewiss: Auch wenn man nicht zusammen läuft, man trifft sich meistens wieder, sei es auf dem Weg selbst oder abends in den Klöstern oder Hotels. Irgendwie gleicht die Pilgergemeinschaft auf der gesamten Route einer großen Familie.

Welche Kosten sind zu veranschlagen?

„Froh schlägt das Herz im Reisekittel, vorausgesetzt man hat die Mittel“, behauptet Wilhelm Busch. Recht hat er. Auch pilgern kann man nicht zum Nulltarif. Wer Enthaltsamkeit gelobt, kommt allerdings mit einem erstaunlich kleinen Budget zurecht. Pauschal sind bei dieser Lebensweise durchschnittlich ca. 45 Euro pro Tag und je Person zu kalkulieren. Das Preisniveau in den Herbergen und Klöstern ist gering, es pendelt um die 10 Euro pro Übernachtung. Privatunterkünfte und Hotels verlangen etwa 30 Euro für ein Einzelzimmer. Ein dreigängiges Pilgermenü kostet etwa 15 bis 20 Euro (La Verna, Montagna, Burgne, Biscina). Für Obst, Wasser, ein wenig Tagesproviant und die Einkehr in Bars sind rund 12 Euro täglich zu veranschlagen.

Wie reist man an?

Das günstigste und schnellste Verkehrsmittel ist das Flugzeug. Mehrere Airlines, u.a. Air Berlin, Lufthansa oder Air Dolomiti fliegen Florenz an. Eine oft günstigere Alternative ist Pisa, wo auch die Fluglinien Easyjet und Ryanair landen. Die Flugpreise können je nach Wochentag höchst unterschiedlich sein. Am teuersten sind Flüge am Wochenende.

Bei frühzeitiger Buchung sind günstige Hin- und Rückflüge schon für rund 200 Euro zu bekommen.

Die Anreise zum Einstiegsort La Verna ist relativ aufwendig. Von Florenz führt die Reise mit dem Zug zunächst nach Arezzo. Die einfache Fahrt kostet etwa 8 Euro. In der sehenswerten Stadt bietet sich eine Übernachtung an. Weiter geht es mit dem Bus in einer einstündigen Fahrt von Arezzo nach Bibbiena. Von dort führt eine weitere Busverbindung zum Berg La Verna. Für die 25 Kilometer lange Fahrt muss nochmals eine knappe Stunde Zeit einkalkuliert werden. Zu beachten ist, dass sonntags kein Bus von Bibbiena nach La Verna fährt. Die Weiterfahrt muss dann in Eigenregie (z.B. durch Ansprache von Einheimischen) organisiert werden. Trampen wäre eine Alternative. Wer ganz sicher gehen will, der nimmt ein Taxi direkt von Arezzo nach La Verna. Kosten: etwa 60 Euro.

Sind Trekking-Stöcke sinnvoll?

Die Frage kann eindeutig mit „Ja" beantwortet werden. Die Stöcke entlasten die Beinarbeit und insbesondere die Knie bis zu 30 Prozent. Bergaufwärts sind sie eine ungemein wichtige Hilfe. Falls der Oberkörper ein wenig nach vorne gebeugt wird, entstehen am Berg zwei „zusätzliche Beine". Vergleichbar ist diese Gehtechnik mit der Hinzuschaltung des Allradgetriebes bei den Autos. Auch bergabwärts werden die Knie erheblich entlastet und die Gefahr auszurutschen minimiert sich. Im Falle eines Ausrutschers ist die Chance groß, den strauchelnden Körper noch abfangen zu können.

Meine Stöcke waren auf der gesamten Strecke fast ununterbrochen im Einsatz. Sie waren eine unentbehrliche Hilfe. Es müssen nicht unbedingt teure Markenprodukte sein, mit den preiswerten, variablen Billigstöcken einer namhaften Discounterkette bin ich prima zurechtgekommen. Sie waren darüber hinaus stabil, wartungsfrei und absolut verlässlich. Auf Asphalt sind mit Rücksicht auf das Ruhebedürfnis vieler Wanderer Gummidämpfer empfehlenswert.

Packliste

- Leichter 50-Liter-Rucksack (für Männer), 40-Liter-Rucksack (für Frauen) mit Regencape
- Ein leichter Schlafsack (10 Grad, im Sommer ggfs. Seidenschlafsack)
- Eine lange Wanderhose mit ausknöpfbaren Beinen
- Eine dreiviertellange Wanderhose
- Eine leichte Jogginghose oder Freizeithose oder Shorts
- Eine gute Trekkingjacke mit vielen Taschen
- Eine Fleecejacke (nicht Pullover, da wesentlich zweckmäßiger)
- Gute, bequeme Wanderschuhe (Trekking- oder Halbschuhe)
- Leichte Sandalen mit Seitenhalt und tiefem Fußbett
- Dünne Badelatschen
- Wetterhut
- Sonnenbrille
- Variable Trekking-Stöcke
- Leichter, kurzer Schlafanzug
- Kleines Handtuch
- Drei Garnituren Unterwäsche (davon 1 x Merino-Funktionskleidung)
- Drei T-Shirts (davon mindestens 1 Funktionsshirt)
- Zwei Paar Wandersocken, davon 1 x dünn
- Ein großer Regenponcho, evtl. zusätzlich kleiner Regenschirm
- Eine dünne Regenhose, ggfs. Gamaschen
- Gürtel
- Kugelschreiber
- Kleines Notizheft
- Eine Digitalkamera inkl. mind. 2 SD-Karten + Ladegerät für die Akkus
- Ein Handy inkl. Ladegerät
- Leichte Stofftasche oder Beutel
- Ein kleiner Wecker

- Aufblasbares Nackenkissen
- Sechs Wäscheklammern und einige Sicherheitsnadeln
- Kleine Kordel, etwas Draht
- Ein kleines Taschenmesser inkl. Korkenzieher
- Ohropax (Wachs)
- Sonnencreme
- Kleines Wörterbuch Italienisch evtl. Englisch
- Desinfektionsgel
- Blasenpflaster
- Hirschtalgcreme für die Füße
- Ein Päckchen Papiertaschentücher
- Wanderführer (z.B. Tyrolia-Verlag, Angela Seracchioli)
- Medikamente individuell
- Magnesium-Tabletten
- Kulturbeutel mit Zahnbürste, kleiner Tube Zahnpasta, Minitaschenlampe, kleines Stückchen Seife, kleines Fläschchen Duschgel + Haarshampoo, Kamm, evtl. Nassrasierer und Rasierschaum, kleine Schere bzw. Nagelknipser
- Rei in der Tube, evtl. als Alternative ein Stück Kernseife
- Geldbörse, ggfs. Gürteltasche
- Kreditkarte und EC-Karte
- Pilgerpass
- Personalausweis und Krankenkassenkarte

Unterkunftsverzeichnis

In den nachfolgenden Unterkünften habe ich übernachtet:

Arezzo
La Locanda di San Pier Piccolo
Via Bicchieraia 32, 52100 Arezzo
Tel. 0039 0575 20792, www.locandasanpierpiccolo.it

La Verna – Santuario Francescano
Via del Santuario 45, 52010 Chiusi della Verna
Tel. 0039 0575 5341 www.laverna.it

Pieve Santo Stefano
Bed & Breakfast Il Castellare
52036 Pieve Santo Stefano,
Tel. 0039 0575 799393 www.ilcastellare.eu

Montagna
Bed & Breakfast Alla Battuta
Frazione Montagna 46, 52037 Sansepolcro
Tel. 0039 3493829435 www.allabattuta.it

Sansepolcro
Foresteria del Convento Santa Maria dei Servi
Piazza Dotti 2, 52037 Sansepolcro
Tel. 0039 0575 742347 www.santamariadeiservi.it

Burgne
Agriturismo Le Burgne
Vocabolo Le Burgne, 06012 Città di Castello
Tel. 0039 075 8502020 www.agriturismoleburgne.it

Città di Castello
Hotel Umbria
Via Sant'Antonio 6, 06012 Città di Castello
Tel. 0039 075 8554925 www.hotelumbria.net

Pietralunga
Pfarrei Santa Maria (Nähe Langobardenturm)
Piazza Santa Maria, 06026 Pietralunga
Tel. 0039 075 9460055 oder 340 0675739, Don Salvatore Luchetti

Gubbio
Pfarrei/Kloster Sant'Agostino
Via di Porta Romana 7, 06024 Gubbio
Tel. 0039 075 9273814 www.santagostino.net

Biscina
Agriturismo Tenuta di Biscina (bei der Burg)
06024 Gubbio
Tel. 0039 075 9229730 www.agriturismotenutabiscina.com

Assisi
Hotel Posta
Via S. Paolo 11, 06081 Assisi (Nähe Piazza del Commune)
Tel. 0039 075 812558 www.hotelpostassisi.it

Mein Pilgerpass

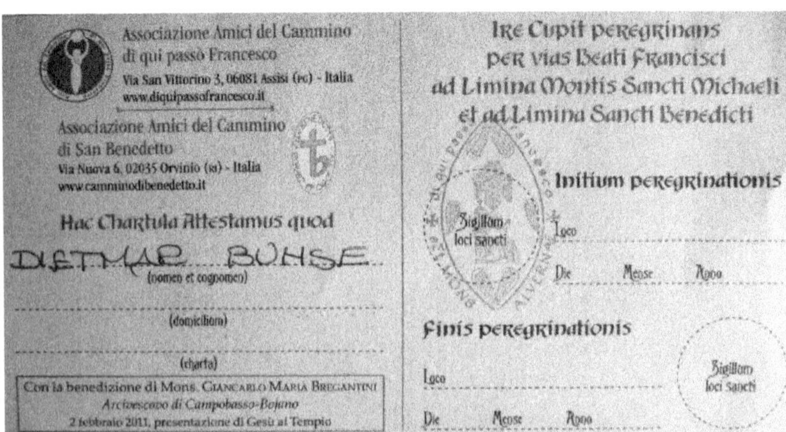

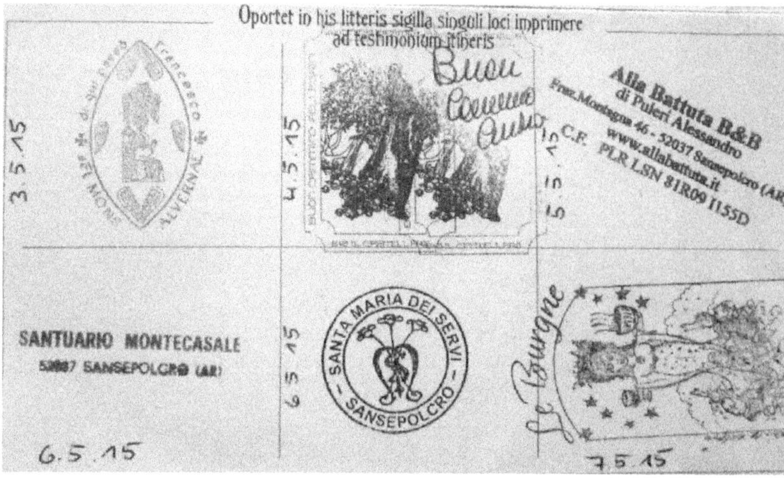

Stempel in meinem Pilgerpass

Wichtigste Quellen

Der Franziskusweg
Angela Maria Seracchioli, Tyrolia-Verlag

Franz von Assisi
Hermann Hesse, Insel-Verlag,
mit freundlicher Abdruckgenehmigung

Der Berg La Verna
Rudolfo Cetoloni, Fabio Bernacchi, Fiorenza Locatelli

Die Einsiedelei von Montecasale,
Ausgabe 1999
P. Igino Chiari, P. Eugenio Conte, P. Ermanno Ponzalli,
In Deutsch überarbeitet durch P. Leonard Lehmann

Das Heiligtum von San Damiano
Giulio Mancini

Sekundärliteratur

Franziskus – Rebell und Heiliger
Nikolaus Kuster, Herder-Verlag

Dietmar Bunse – Die Lust Weg-zu-laufen

Auf den Spuren der gelben Pfeile (Camino Francés)

Lust wegzulaufen? Wer möchte nicht einmal dem hektischen Alltag und der Komplexität des Lebens entfliehen, sich entschleunigen und selbst erfahren? Die faszinierende Kulisse des Jakobsweges bietet eine gute Möglichkeit dazu. Tauchen Sie in die Tiefen der bunten Erlebniswelt eines einfachen Pilgers ein und pilgern Sie in diesem unterhaltsamen, informativen, mit einer Prise Spiritualität versehenen Buch mit.

RediRoma-Verlag ISBN 978-3-86870-599-7 14,95 Euro (D)

Dietmar Bunse – Faszination Portugiesischer Jakobsweg

Erlebnisse einer Pilgerreise auf dem Caminho Português

Der Portugiesische Jakobsweg – ein Sahnestück aus der Feinkostabteilung. Zum Verzehr bestens geeignet. Wer einen überschaubaren, einfachen Jakobsweg sucht, ist auf dem Küstenweg zwischen Porto und Santiago de Compostela gut aufgehoben. Der Weg bezaubert durch eine fantastische Landschaft, die im Wechsel durch verträumte Dörfer, mittelalterliche Brücken und malerische, lang gestreckte Meeresarme geleitet. Die unterhaltsame, kurzweilige und humorvolle Reiselektüre steckt an und stimmt Sie wunderbar auf Ihre Reise ein.

RediRoma-Verlag ISBN 978-3-868870-682-6 8,95 Euro (D)